LA RATONA RAMONA

Y OTROS CUENTOS PARA NIÑOS

MOUSE RAMONA AND
OTHER CHILDREN'S STORIES

La ratona Ramona y otros cuentos para niños by SPANZ2A

www.spanz2a.com

Illustrations by G. Amar

A-G

Contents

1

La reunión de las brujas

The Gathering of the Witches

Mate

El mate es una infusión que se toma en Argentina, Paraguay y Uruguay. Se prepara en un pequeño recipiente de madera o calabaza. Dentro del recipiente, se coloca una hierba llamada yerba mate. Luego, se agrega agua caliente. El mate suele beberse entre amigos. Es un símbolo de amistad y de compartir.

Todas las noches, las brujas del barrio se reúnen. Lo hacen en las copas de los árboles. Conversan, ríen y se cuentan chismes. Son muy buenas amigas. En la reunión, algunas brujas beben café; otras té. Algunas otras brujas beben una taza de leche tibia.

Esta noche, la bruja Amapola llega un poco tarde. Ella llega con una gran bolsa de colores.

Mate

Mate is an infusion that is traditional to Argentina, Paraguay and Uruguay. It is prepared in a small wooden or gourd container. An herb called yerba mate is placed inside the container. Then hot water is added. Mate is usually drunk among friends. It is a symbol of friendship and community.

Every night, the witches of the neighborhood gather. They gather on the treetops. They talk, laugh and gossip. They are very good friends. At the meeting, some witches drink coffee; others drink tea. Some other witches drink a cup of warm milk.

Tonight, the witch Amapola is a little late. She arrives carrying a large, colorful bag.

Ha traído algo. Es un regalo para todas sus amigas. De la bolsa, saca un pequeño recipiente. El recipiente parece un vaso. Es de madera.

Amapola busca en su bolsa. Ella saca un objeto largo y de metal. Ella saca algo más de su bolsa. Ella abre un recipiente grande. En el recipiente, hay una hierba de un color verde muy lindo.

—Gloria, ¿puedes poner el agua a calentar, por favor? —le pregunta Amapola a una de las brujas.

—De acuerdo —responde Gloria—. Pero ¿qué es eso que has traído?

—Pronto lo sabrán —responde Amapola sonriente.

El agua caliente está lista. Todas las brujas están sentadas en círculo. Amapola coloca la hierba verde en el recipiente de madera. Ella pone un poco de agua y el objeto de metal en el recipiente.

She has brought something. It is a gift for all her friends. She pulls a small container out of the bag. The container looks like a cup. A wooden cup.

Amapola searches in her bag. She pulls out a long, metallic object. She pulls something else out of her bag. She opens a large container. In the container, there is an herb of a very nice green color.

"Gloria, can you put the water on to heat, please?" says Amapola to one of the witches.

"All right," Gloria replies. "But what is that you have brought?"

"You will know soon enough," Amapola replies, smiling.

The water is hot and ready. All the witches sit in a circle. Amapola places the green herb in the wooden container. She pours some water and places the metallic object in the container.

—Esto es mate —le cuenta Amapola a sus amigas—, es una bebida deliciosa. Esta hierba se llama yerba mate. Y esto —señala el objeto de metal— es una bombilla.

Amapola toma el mate. Las brujas las miran con asombro.

—¿Qué sabor tiene? —pregunta una.

—¿No está muy caliente? —pregunta otra.

—¿Sabe a café? —agrega una tercera.

—Tranquilas —responde Amapola con una sonrisa—. Ahora le daré mate a cada una, todas podrán probarlo.

Amapola prepara el mate para Francisca, una de las brujas. Francisca lo prueba.

—¡Oh, no! —exclama Francisca—. ¡Está muy caliente, me he quemado la lengua!

Francisca bebe un vaso de agua fría. Amapola prepara otro mate. Ella le da el mate a Olga. Olga prueba el mate.

"This is *mate*," Amapola tells her friends. "It's a delicious drink. This herb is called yerba mate. And this," she points to the metallic object, "is a straw."

Amapola drinks the *mate* infusion. The witches look at her in amazement.

"How does it taste?" one of them asks.

"Isn't it too hot?" asks another.

"Does it taste like coffee?" asks the third.

"Don't fret," Amapola replies with a smile. "Now, I will serve *mate* for each of you. You can all try it."

Amapola prepares a *mate* infusion for Francisca, one of the witches. Francisca tastes it.

"Oh, no!" Francisca cries out. "It's so hot, it's burned my tongue!"

Francisca drinks a glass of cold water. Amapola prepares another *mate* infusion. She gives the *mate* infusion to Olga. Olga tastes it.

—¡Puaj! —exclama Olga mientras frunce el ceño—. ¡Es muy amargo! ¡No me gusta!

Olga saca y mueve su lengua. Ella quiere sacarse el sabor amargo. Amapola prepara otro mate. Ella le da el mate a Clara. Clara lo prueba.

—¡Es delicioso! —exclama Clara—. ¡Me gusta mucho!

Las demás brujas comienzan a reír. Clara las mira. Todas las brujas lloran de risa. Algunas están tendidas en el suelo. Otras brujas se caen hacia atrás. A otras les duele el estómago de tanto reír.

—¿Qué sucede? —pregunta Clara.

—Clara —responde la bruja Luna—. Tus dientes... ¡Tus dientes están verdes!

—¡Oh, no! —exclama Clara.

Clara frota sus dientes. Amapola prepara otro mate. Ella le da el mate a Azucena. Azucena prueba el mate.

"Yuck!" Olga exclaims as she frowns. "It's very bitter, I don't like it!"

Olga sticks out and wiggles her tongue. She is trying get the bitter taste out of her mouth. Amapola prepares another *mate* infusion. She gives the *mate* infusion to Clara. Clara tastes it.

"It's delicious!" Clara exclaims. "I like it a lot!"

The other witches begin to laugh. Clara looks at them. All the witches are crying with laughter. Some are rolling on the ground. Others fall backwards. Some others' stomachs ache from laughing so much.

"What's going on?" Clara asks.

"Clara," says the witch, Luna. "Your teeth... Your teeth are green!"

"Oh, no!" Clara exclaims.

Clara rubs her teeth. Amapola prepares another *mate* infusion. She gives the *mate* infusion to Azucena. Azucena tastes it.

—Su sabor es un poco extraño —duda Azucena—. No sé si me gusta.

Amapola se entristece un poco. Ella quiere compartir el mate con sus amigas. Olga ve a Amapola. Olga nota que Amapola está triste.

—¡Tengo una idea! —exclama Olga—. Puedo agregar terrones de azúcar al mate. ¡Así, no será tan amargo!

—¡Yo también tengo una idea! —agrega Francisca—. Yo puedo agregar un poco de agua fría al mate. ¡Así, no estará tan caliente!

—¡A mí también se me ocurrió algo! —agrega Clara—. Puedo cepillar mis dientes más diariamente. ¡Así, mis dientes no estarán verdes!

—¡Ya lo sé! —agrega Azucena—. Puedo poner algunas cáscaras de naranja en el mate. ¡Eso le dará un sabor delicioso!

Amapola sonríe. Ella está feliz.

"Its flavor is a little strange," Azucena says, doubtful. "I don't know if I like it."

Amapola turns a little sad. She wants to share the drink with her friends. Olga watches Amapola. Olga notices that Amapola is sad.

"I have an idea!" Olga exclaims. "I can add sugar cubes to the *mate*. That way, it won't be so bitter!"

"I have another idea!" Francisca adds. "I can add a little cold water to the *mate*. That way, it won't be so hot!"

"I also thought of something!" Clara adds. "I can brush my teeth more frequently. That way, my teeth won't be green!"

"Here's another idea!" Azucena adds. "I can put some orange peels in the *mate*. That will give it a delicious flavor!"

Amapola smiles. She is happy.

Desde esa noche, las brujas ya no beben café, té ni leche. Ellas beben mate. Ellas se reúnen todas las noches. Ellas conversan, ríen, se cuentan chismes y toman mate. Algunas brujas toman el mate con terrones de azúcar. Otras brujas le ponen un poco de agua fría al mate. Otras brujas se lavan mucho los dientes después del mate. Algunas brujas ponen cáscaras de naranja en el mate.

Tienen gustos muy diferentes para beber mate. Pero todas las brujas comparten algo. Para las brujas, el mate es un símbolo de su amistad.

Ever since that night, witches no longer drink coffee, tea, or milk. They drink *mate*. They meet every night. They talk, laugh, gossip and drink *mate*. Some witches drink *mate* with sugar cubes. Other witches put a little cold water in their *mate*. Some other witches brush their teeth a lot after drinking *mate*. Some witches put orange peels in their *mate*.

They have very different tastes when it comes to *mate*. But all witches share something in common. For the witches, *mate* symbolizes their friendship.

2

La ratona Ramona quiere ver el mar

Mouse Ramona Wants to See the Sea

Salou

Salou es una playa situada en Tarragona. Es una de las playas más famosas y bonitas de España. El agua de Salou está siempre templada en verano y los turistas adoran pasar allí sus vacaciones.

Ramona es una pequeña ratona que sueña con ver el mar. Su familia odia el mar, pero ella no. Ella es una ratoncita que se pasa horas mirando el río por la ventana de su habitación. El padre de Ramona es un ratón muy listo y viajero que recorre el mundo en avión. Su padre ha viajado muchas veces a España y ha visto muchas veces el mar. Por las noches, le cuenta a Ramona historias de sus viajes para que se duerma. Ramona sueña con poder visitar todos esos lugares algún día.

Salou

Salou is a beach located in Tarragona. It is one of the most famous and beautiful beaches in Spain. Salou's water is always warm in the summer and tourists love to spend their vacations there.

Ramona is a little mouse who dreams of beholding the sea. Her family hates the sea, but she does not. She is a little mouse who spends hours looking at the river out her bedroom window. Ramona's father is a very clever and well-traveled mouse who journeyed the world by plane. Many times, her father traveled to Spain and saw the sea. At night, he tells Ramona stories of his travels to lull her to sleep. Ramona dreams of visiting all these places someday.

Una noche, Ramona le pregunta a su padre cómo es el mar:

—¿Papá, el mar es grande?

—El mar es enorme, Ramona. El mar es de color azul.

—¿Podremos ir a ver el mar algún día?

—No, Ramona, sabes que los ratones odiamos el mar.

Y Ramona no dice nada más y se va a dormir.

Al día siguiente, Ramona da un paseo por el barrio. Ella se encuentra un billete de tren con destino a Tarragona. En el billete, pone que el tren parará en una playa llamada Salou. Ramona quiere ver el mar y desea viajar. Ramona decide coger el billete y subirse al tren para visitar Salou. Ella por fin conocerá el mar. Ramona sabe que hará su sueño realidad y se sube a ese tren.

One night, Ramona asks her father what the sea is like:

"Dad, is the sea big?"

"The sea is enormous, Ramona. The sea is blue."

"Could we go see the sea someday?"

"No, Ramona. You know that we mice hate the sea."

Ramona says nothing more and goes to sleep.

The next day, Ramona takes a walk around the neighborhood. She finds a train ticket to Tarragona. On the ticket, it says that the train would stop at a beach called Salou. Ramona wants to travel and see the sea. Ramona decides to take the ticket and get on the train to visit Salou. She would finally get to know the sea. Ramona knows she is about to make her dream come true and she gets on the train.

El tren tarda 5 horas en llegar a Salou. Ramona vive en una alcantarilla de Madrid, la capital de España. El tren de Ramona llega muy rápido a Tarragona y, al bajarse, lo primero que hace es buscar un taxi. Ramona había ahorrado algo de dinero. Ella cogió todos sus ahorros para hacer este viaje. Ella se sube al taxi y le pide que la lleve a la playa. El taxi la lleva a la playa y Ramona se baja rápidamente.

—¡Muchas gracias, señor taxista!

—¡De nada, ratoncita!

—Señor, ¿seguro que esta es la playa de Salou?

—Así es, esto es Salou y ese es el mar. ¡Que lo disfrutes!

Ramona mira hacia adelante y no puede creerlo. Es el mar. Ramona mira el mar con los ojos muy abiertos y no para de sonreír. Ella decide correr hacia la orilla para meter los pies en el agua. Al llegar a la orilla, Ramona nota que el agua está muy fría. Ella retrocede un poco. De

The train takes 5 hours to get to Salou. Ramona lives in a sewer in Madrid, the capital of Spain. Ramona's train arrives very quickly in Tarragona and, after getting off, the first thing she does is look for a taxi. Ramona had saved some money. She spent all her savings to go on this trip. She gets into the taxi and asks the driver to take her to the beach. The taxi takes her to the beach and Ramona quickly gets out.

"Thank you very much, Mr. Taxi Driver!"

"You're welcome, little mouse!"

"Sir, are you sure this is Salou beach?"

"That's right, this is Salou and that's the sea. Enjoy!"

Ramona looks ahead and can't believe it. The sea. Ramona looks at the sea with wide eyes and keeps smiling. She decides to run towards the shore to dip her feet in the water. Upon reaching the shore, Ramona notices that the water is very cold. She steps back a little.

repente, una voz aguda y alegre le habla desde el agua:

—¡Psss! ¡Ratoncita! ¡Ratoncita! ¡No tengas miedo!

Ramona mira hacia el agua sin entender muy bien lo que pasa.

—¿Hay alguien ahí? ¿Quién me habla?

—¡Soy yo, ratoncita! ¡El pez mágico Sebastián!

Un pez de colores sale del agua dando saltos con la cola y saluda a Ramona.

—¡Hola, Sebastián! —dice Ramona agitando las manos y sonriendo al pez.

—¿Cómo te llamas? ¿Y qué hace una ratoncita sola en la playa? —le pregunta el pez.

—Me he escapado. Mi familia de ratones odia el mar, pero yo no. Mi sueño era ver el mar. Por eso, estoy aquí.

Suddenly, a high-pitched, cheerful voice speaks to her from the water:

"Psst! Little mouse, little mouse! Don't be afraid!"

Ramona looks into the water without quite understanding what is happening.

"Is anyone there? Who is speaking to me?" asks Ramona.

"It's me, little mouse! The magic fish Sebastian!"

A goldfish jumps out of the water with its tail and greets Ramona.

"Hello, Sebastian!" says Ramona, waving her hands and smiling at the fish.

"What is your name? And what is a little mouse doing alone on the beach?" asks the fish.

"I have escaped (from home). My mouse family hates the sea, but I do not. I dreamed of getting to know the sea. That is why I am here."

—¡El mar es una maravilla! ¡Está lleno de magia y divertidas criaturas marinas! ¡Ven conmigo, te lo enseñaré!

Ramona sigue al pez Sebastián hacia el fondo del mar. Al entrar en el agua, Ramona se transforma en una ratona con cola de sirena. Ramona puede nadar y respirar bajo el agua. Ella y el pez mágico de colores nadan hacia el fondo rápidamente. Ramona no para de ver criaturas de todos los colores mientras nada. Las algas cantan. Los delfines le guiñan un ojo. Un cangrejo la llama por su nombre. Todos bajo el mar son felices y reciben a Ramona.

—¡Sebastián! ¡El mar es genial! ¡Es un sueño! ¡No quiero volver a casa nunca más!

—No digas eso, Ramona. Tu familia vive fuera del mar y te quiere mucho. Debes volver y contarles todo lo que has vivido.

—Tienes razón. ¡Eso haré, Sebastián! Les diré lo maravilloso que es el mar.

"The sea is marvelous! It's full of magic and of fun sea creatures! Come with me, I'll show you!"

Ramona follows the fish Sebastian to the bottom of the sea. When Ramona enters the water, she grows a mermaid's tail. Ramona is able to swim and breathe underwater. She and the magic goldfish quickly swim to the bottom. Ramona sees creatures of all colors while swimming. The algae sing. The dolphins wink at her. A crab calls her name. Everyone under the sea is happy and welcomes Ramona.

"The sea is great, Sebastian! It's dream-like! I never want to go home again!"

"Don't say that, Ramona. Your family lives offshore and loves you very much. You must go back and tell them everything you experienced."

"You are right. I will do that, Sebastian! I will tell them how wonderful the sea is."

Ramona y el pez Sebastián nadan durante horas y juegan con todos los peces del mar. Cuando se hace de noche, Ramona está muy cansada y echa de menos a su familia. Ramona decide volver a la superficie.

—Sebastián, tengo que irme. ¡Mi familia me estará buscando!

—¡Lo entiendo, Ramona! ¡Ha sido un placer conocerte, ratoncita!

El pez Sebastián lleva a Ramona a la orilla. Al salir del agua, Ramona vuelve a tener cola de ratón y cuatro patas. Ramona se despide de Sebastián. Ella le da las gracias por haberle enseñado el mar.

—Gracias por esta tarde, Sebastián. Me has enseñado el mar. Mi sueño se ha cumplido. He descubierto la magia del mar y de la naturaleza. Y también la fuerza de la amistad. Nunca te olvidaré, Sebastián. ¡Adiós!

Ramona and the fish Sebastian swim for hours and play with all the fish in the sea. When night falls, Ramona is very tired and misses her family. Ramona decides to return to the surface.

"Sebastian, I have to go. My family will be looking for me!"

"I understand, Ramona! It was a pleasure to meet you, little mouse!"

The fish Sebastian takes Ramona to the shore. When she comes out of the water, Ramona has a mouse tail and four legs again. Ramona says goodbye to Sebastian. She thanks him for showing her the sea.

"Thank you for this afternoon, Sebastian. You have shown me the sea. My dream has now come true. I have discovered the magic of the sea and of nature. And also, the strength of friendship. I will never forget you, Sebastian. Farewell!"

Ramona se sube otra vez al tren para volver a casa. En el tren, piensa en su familia y en lo que ha aprendido hoy. Al llegar a casa, Ramona se disculpa con su familia. Ella se siente mal por haberse ido sin avisar. Su familia la perdona y le da la bienvenida. Ramona les explica que ha visto el mar con su amigo Sebastián. Ella se va a dormir muy feliz por haber cumplido su sueño.

Ramona ha visto el mar y nunca lo olvidará. Y a su amigo el pez Sebastián, tampoco.

Ramona gets back on the train to return home. On the train, she thinks about her family and what she learned that day. Upon arriving home, Ramona apologizes to her family. She feels bad about leaving without warning. Her family forgive her and welcome her back. Ramona explains to them that she saw the sea with her friend Sebastian. She goes to sleep, very happy to have fulfilled her dream.

Ramona had seen the sea and would never forget it. And her friend, Sebastian the fish, as well.

3

Los gnomos en el desierto

The Gnomes in the Desert

Desierto de Atacama

El desierto de Atacama está en el norte de Chile. Es el desierto más seco del mundo. En el día hace mucho calor, y en la noche hace mucho frío. En el desierto también hay lagunas.

En un pequeño pueblo, viven muchos gnomos. Ellos son amigos. Ellos se reúnen todas las tardes. Algunos días, ellos salen a pescar. Otros días, ellos pasean en bicicleta. Algunos otros días, los gnomos recorren las montañas.

Los gnomos aman la aventura.

Un día, el gnomo Tom aparece con una gran hoja de papel. Él le dice a sus amigos gnomos:

—Encontré este gran papel. ¿Qué podemos hacer con él?

Atacama Desert

The Atacama Desert is located in northern Chile. It is the driest desert in the world. During the day, it is very hot, and at night, it is very cold. Within the desert, there are also lagoons.

A lot of gnomes live in a small village. They are friends. They meet every afternoon. Some days, they go fishing. Other days, they ride their bicycles. Some other days, the gnomes roam the mountains.

Gnomes love adventure.

One day, the gnome Tom brings with him a large sheet of paper. He tells his gnome friends:

"I found this large piece of paper. What can we do with it?"

—¡Ya lo sé! —exclama el gnomo Pepe—. Podemos escribir una gran historia de aventuras.

—¡Tengo una idea! —agrega con emoción el gnomo Dulce—. Podemos escribir la receta de un delicioso pastel.

—¡Tengo otra idea! —responde el gnomo Roco—. Hagamos un avión.

Los demás gnomos lo miran con asombro.

—¿Un avión? – pregunta el gnomo Pepe—. ¿Cómo haríamos un avión?

—Lo doblamos así —el gnomo Roco dobla el papel— y hacemos un avión. Un gran avión de papel.

A los gnomos les gusta la idea. Ellos comienzan a doblar el papel.

Al cabo de un largo rato, el avión de papel está listo.

"I know what!" the gnome Pepe exclaims. "We can write a great adventure story."

"I have an idea!" the gnome Dulce adds excitedly. "We can write the recipe for a delicious cake."

"I have another idea!" replies the gnome Roco. "Let's make an airplane."

The other gnomes look at him in amazement.

"An airplane?" asks the gnome Pepe. "How could we make an airplane?"

"We fold it like this." The gnome Roco folds the paper. "And we make an airplane. A large paper airplane."

The gnomes like the idea. They begin to fold the paper.

After a long time, the paper airplane is ready.

—¡Es un avión gigante! —exclama con asombro el gnomo Tom.

—Hasta podemos subirnos en él —agrega el gnomo Dulce.

Los gnomos se suben al avión. Ellos comienzan a jugar en él.

De pronto, el avión comienza a moverse. Los gnomos no comprenden qué sucede. Lentamente, el avión se desliza por la tierra.

—¡El avión se mueve! —grita el gnomo Pepe asustado—. ¿Qué haremos?

Ningún gnomo dice nada. Todos los gnomos están asombrados.

De repente, el avión despega.

El avión de papel sube hacia el cielo lentamente. Los gnomos no pueden creerlo.

—¡Estamos volando! —dice con valentía el gnomo Tom.

"It's a giant airplane!" exclaims the gnome Tom in amazement.

"We can even ride on it," adds the gnome Dulce.

The gnomes get on the plane. They start playing around while on it.

Suddenly, the plane starts to move. The gnomes do not understand what is going on. Slowly, the plane slides along the ground.

"The plane is moving!" the gnome Pepe shouts in fear. "What are we going to do?"

No gnome says anything. All the gnomes are amazed.

Suddenly, the plane takes off.

The paper airplane slowly climbs into the sky. The gnomes can't believe it.

"We are flying!" says the gnome Tom, bravely.

Los gnomos comienzan a reír. Es la primera vez que ellos vuelan. Ellos se sienten felices.

En el cielo, los gnomos ven muchos pájaros. El avión de papel atraviesa algunas nubes esponjosas. Los gnomos sienten el aire fresco en sus caras. Ellos pueden oler el aroma a lluvia de algunas nubes.

Los gnomos miran hacia abajo. Hay una gran cantidad de arena.

—Eso debe ser un desierto —dice el gnomo Pepe.

—Sí —responde el gnomo Dulce mirando a un mapa—. Es el desierto de Atacama. Estamos en Chile.

De pronto, el avión comienza a moverse bruscamente. Los gnomos no saben qué sucede. De repente, el avión comienza a caer.

Los gnomos sienten miedo. Ellos se abrazan.

The gnomes begin to laugh. It is the first time they fly. They feel happy.

In the sky, the gnomes see many birds. The paper airplane goes through some fluffy clouds. The gnomes feel the fresh air on their faces. They can smell the rainy scent of some clouds.

The gnomes look down. There is a lot of sand.

"That must be a desert," says the gnome Pepe.

"Yes," replies the gnome Dulce, looking at a map. "It is the Atacama Desert. We are in Chile."

Suddenly, the plane begins to move abruptly. The gnomes don't know what is going on. Suddenly, the plane begins to fall.

The gnomes are afraid. They embrace each other.

El avión cae sobre una gran montaña de arena. Los gnomos no se lastiman. Ellos están bien.

Los gnomos miran el lugar. Ellos están en el desierto de Atacama. El lugar es inmenso. Ellos sienten mucho calor. Los gnomos comienzan a caminar.

Los gnomos caminan por el desierto. Ellos ven algunos cactus. Ellos ven pasar a un zorro del desierto.

—¡Un perro! —grita el gnomo Tom.

—Creo que es un lobo —responde el gnomo Pepe.

—Es un zorro del desierto —les responde el gnomo Dulce—. Los he visto en documentales. Ellos viven aquí.

Los gnomos sienten sed. Ellos están cansados. De pronto, llegan a una pequeña laguna. El agua es turquesa. Ellos se meten en la laguna. Los gnomos se refrescan.

The plane lands on a large pile of sand. The gnomes are not hurt. They are safe and sound.

The gnomes look at the place. They are in the Atacama Desert. The place is immense. They feel an intense heat. The gnomes begin to walk.

The gnomes walk through the desert. They see some cacti. They see a desert fox pass by.

"A dog!" shouts the gnome Tom.

"I think it's a wolf," replies the gnome Pepe.

"It's a desert fox," replies the gnome Dulce. "I have seen them in documentaries. They live here."

The gnomes are thirsty. They are tired. Suddenly, they arrive at a small lagoon. The water is teal blue. They get into the water. The gnomes feel refreshed.

Los gnomos recorren el desierto. Ellos encuentran más cactus. Ellos también ven pequeños arbustos. En los arbustos, hay algunos insectos. Ellos ven mariposas de colores. En los arbustos, también hay algunas orugas.

Los gnomos siguen caminando. De pronto, el gnomo Pepe ve algo.

—¿Han visto eso? —le pregunta a sus amigos—. Ha pasado algo corriendo.

—¿Una cucaracha? —pregunta el gnomo Tom.

—Tal vez una araña —agrega el gnomo Pepe.

—¡Mirad! —exclama el gnomo Dulce—. En esa piedra. Es una lagartija.

Sobre una piedra, la lagartija los mira. Ella parece no tener calor. Ella vive en el desierto.

Los gnomos vuelven caminando hacia el avión de papel. Ellos quieren volver a casa. Ellos no saben cómo. Ellos se suben al avión. Ellos están cansados de caminar.

The gnomes roam the desert. They find more cacti. They also see small bushes. In the bushes, there are some insects. They see colorful butterflies. There are also some caterpillars in the bushes.

The gnomes keep walking. Suddenly, the gnome Pepe sees something.

"Did you see that?" he asks his friends. "Something rushed by."

"A cockroach?" asks the gnome Tom.

"Maybe a spider," says the gnome Pepe.

"Look!" exclaims the gnome Dulce. "On that stone. It's a lizard."

Lying on the stone, a lizard looks at them. It seems that it doesn't feel any heat. It lives in the desert.

The gnomes walk back to the paper airplane. They want to go home. They don't know how.

De pronto, sopla una ráfaga de viento. El avión comienza a moverse. Unos minutos después, el avión despega del suelo. Los gnomos están volando nuevamente. Ellos regresarán a casa.

Mientras vuelan, ellos ven el desierto desde arriba.

—Ha sido una linda aventura —dice el gnomo Tom.

—¡La mejor aventura de todas! —responden sonrientes los demás.

They get on the plane. They are tired of walking.

Suddenly, a gust of wind blows. The aircraft begins to move. A few minutes later, the plane lifts off the ground. The gnomes are flying again. They are on their way home.

As they fly, they see the desert from above.

"It's been a nice adventure," says the gnome Tom.

"The best adventure of all!" the others reply, smiling.

4

Lily, la princesa que no quiere dormir

Lily, the Princess Who Doesn't Want to Sleep

La siesta

La siesta es una costumbre, comúnmente española, de descansar desde treinta minutos hasta un par horas. Se suele hacer después de comer o merendar, consistiendo en realizar un corto sueño para reponer fuerzas para el resto del día.

La princesa Lily no quiere dormir. Lily es la princesa del reino de Granada. Ella vive con sus padres en un palacio. El palacio se llama "La Alhambra de Granada".

Lily es una princesa muy alegre y lista. Ella se pasa el día jugando por el palacio. Cuando llega la hora de la siesta, la princesa sigue despierta. Ella no quiere dormir. La princesa cree que es más divertido seguir despierta jugando. Sus

Siesta

Siesta is the traditional Spanish custom of resting from thirty minutes to a couple of hours. You usually take a siesta after having lunch or a snack. You sleep for a bit to have strength for the rest of the day.

Princess Lily doesn't want to sleep. Lily is the princess of the kingdom of Granada. She lives with her parents in a palace. Said palace is called "La Alhambra de Granada".

Lily is a very cheerful and smart princess. She spends the day playing around the palace. When *siesta* time comes, the princess remains awake. She doesn't want to sleep. The princess thinks it's more fun to stay awake and play. Her

padres están preocupados. Ellos quieren que la princesa duerma y descanse como el resto de los niños.

—Lily, cariño. Tienes que dormir. Los niños tienen que descansar para poder crecer. Por favor, cierra los ojos y échate una siesta. Te sentirás mejor.

—¡No, no, y no! Si me duermo, no podré seguir jugando. No dormiré. Seguiré con los ojos abiertos. Yo solo quiero jugar por mi palacio.

Los reyes están desesperados. Ellos quieren que su hija duerma y pueda crecer. El rey piensa en una solución. Él va en busca del hada de los sueños. El hada de los sueños tiene el poder de hacer dormir a las personas. Su magia es muy poderosa. Los reyes le piden que haga dormir a la princesa Lily.

—Por favor, querida hada de los sueños. Haz que mi hija duerma. ¡No sabemos qué hacer! Si no duerme, no crecerá.

parents are worried. They want the princess to sleep and rest like the rest of the children.

"Lily, honey. You have to sleep. Children need to rest so they can grow. Please close your eyes and take a *siesta*. You will feel better," say her parents.

"No, no, and no! If I fall asleep, I won't be able to keep playing. I will not sleep. I will keep my eyes open. I just want to play around my palace."

The king and queen are desperate. They want their daughter to sleep so she can grow up. The king thinks of a solution. He looks for the dream fairy. The dream fairy has the power to put people to sleep. Her magic is very powerful. The kings ask her to put Princess Lily to sleep.

"Please, dear dream fairy, make my daughter sleep. We don't know what else to do! If she doesn't sleep, she won't grow."

—Tranquilo, rey. Yo hablaré con la princesa. Haré que entienda lo importante que es dormir la siesta. Le enseñaré lo divertido que es poder tener sueños mientras duerme.

El hada de los sueños se va volando. El hada entra en la habitación de la princesa Lily. La princesa Lily estaba despierta jugando con sus muñecas. El hada le habla despacio para que no se asuste:

—¡Hola, Lily! Soy el hada de los sueños. He venido a enseñarte lo maravilloso que es dormir la siesta y tener sueños.

Lily deja de jugar. Ella está muy emocionada de conocer a un hada mágica.

—¿Eres un hada de verdad? ¿Tienes magia?

—¡Por supuesto! ¡Mira! —dice el hada, sacando una varita dorada y haciendo aparecer un unicornio.

—¡Guau! ¡Un unicornio! ¿Me lo puedo quedar?

"Do not fret, my king. I will talk to the princess. I will make her understand how important it is to take a *siesta*. I will show her how fun it is to be able to dream while you sleep."

The dream fairy flies away. The fairy enters Princess Lily's room. Princess Lily was awake, playing with her dolls. The fairy speaks to her slowly so that she doesn't get scared:

"Hello, Lily! I am the dream fairy. I have come to show you how wonderful it is to take a *siesta* and dream."

Lily stops playing. She is very excited to meet a magical fairy.

"Are you a real fairy? Do you have magic?" asks Lily.

"Of course, look at this!" says the fairy, using her golden wand to make a unicorn appear.

"Wow! A unicorn! Can I keep it?" asks Lily.

—Sí, claro. Pero primero, tienes que escucharme.

—De acuerdo, te escucho.

—Lily, tienes que dormir. Los niños que no duermen no crecen y tampoco tienen sueños. Si nunca te echas una siesta, no podrás ser feliz y tu energía se irá apagando.

—¿Sueños? ¿Siestas? ¿Qué es todo eso?

—Los sueños son lugares mágicos a los que vamos mientras estamos dormidos. Las siestas son cuando las personas se duermen un rato después de comer para coger fuerzas. No duran mucho, pero pueden ser muy divertidas. Si no duermes, no sabrás lo maravillosas que son.

Lily piensa sobre lo que el hada le acaba de explicar. Ella quiere jugar, pero también quiere tener sueños. Lily acepta lo que el hada le ofrece. Ella se tumba en su cama y cierra los ojos.

"Yes, of course. But first, you have to listen to me."

"Okay, I'm listening."

"Lily, you need to sleep. Children who don't sleep don't grow up and don't dream. If you never take a *siesta*, you won't be happy and your energy will fade."

"Dreams? *Siesta*s? What is all that?" asks Lily.

"Dreams are magical places where we go to when we sleep. *Siesta*s are short naps we take after having had a meal to get our strength back. They don't last long, but they can be a lot of fun. If you don't sleep, you won't know how wonderful they are," explains the fairy.

Lily thinks about what the fairy just explained to her. She wants to play, but she also wants to have dreams. Lily accepts what the fairy offers. She lies down on her bed and closes her eyes.

—¡Allá vamos, pequeña Lily! ¡El mundo de los sueños te espera!

El hada vuelve a mover su varita y un rayo de luz llena la habitación. La princesa se queda dormida. Lily duerme su primera siesta y empieza a soñar.

Durante la siesta, Lily viaja a un reino de fantasía en el que los caballos vuelan. El mar es de color rosa. En el sueño, la princesa Lily puede volar y bailar con los pájaros. Lily sueña que tiene un castillo de muñecas gigante.

En otro sueño, Lily aparece en el fondo del mar y conoce a una sirena. Lily también se convierte en una sirena. Ella nada rápido junto a ellas. Después, el cielo se llena de todos los colores. Las nubes se vuelven de azúcar y se pueden comer. Lily se sienta en una nube y se come un trozo.

Después de una hora, Lily se despierta.

"Here we go, little Lily! The world of dreams awaits you!"

The fairy waves her wand again and a beam of light fills the room. The princess falls asleep. Lily takes her first *siesta* and begins to dream.

During the *siesta*, Lily travels to a fantasy realm where horses fly. The sea is pink. In her dream, Princess Lily can fly and dance with the birds. Lily dreams that she has a giant castle doll-house.

In another dream, Lily appears at the bottom of the sea and meets a mermaid. Lily also becomes a mermaid. She swims quickly alongside the mermaids. Then, the sky is filled with every color. The clouds become sugar and can be eaten. Lily sits on a cloud and eats a piece of it.

After an hour, Lily wakes up.

—¡Ha sido genial! ¡Dormir la siesta y tener sueños es mejor que quedarme despierta jugando!

—Así es, pequeña Lily. Las niñas hacen la siesta para crecer felices y sanas. Mañana podrás echarte otra. Te lo prometo.

—¡De acuerdo! ¡Nunca más me quedaré despierta después de comer! ¡Me encantan las siestas! ¡Los sueños son muy divertidos!

—Me alegra mucho oír eso, ahora mismo se lo diré a tus padres.

El hada de los sueños le explica todo lo que ha pasado a los reyes. Los reyes se ponen muy felices.

La princesa Lily ahora adora las siestas. Ella nunca más se quedará despierta jugando. La siesta mágica ha hecho que descubra un nuevo mundo: el mundo de los sueños.

"It's been great! Taking a *siesta* and dreaming is better than staying up playing!"

"That's right, little Lily. Girls nap to grow up happy and healthy. Tomorrow, you can take another one. I promise".

"Alright! I will never stay up after lunch again! I love *siesta*s! Dreams are a lot of fun!"

"I'm very glad to hear that. I'll go tell your parents now."

The dream fairy explains everything to the king and queen. The king and queen are very happy.

Princess Lily now loves taking *siesta*s. She will never stay up playing again. The magical *siesta* has made her discover a new world: the dream world.

5

Iker, el oso chef

Iker, the Bear Chef

Tapas

Las tapas son pequeños aperitivos que se sirven en los restaurantes españoles. Normalmente, se sirven acompañadas de alguna bebida, como cerveza o vino. Ir a comer tapas en un bar se denomina "ir de tapas" o "tapeo".

Iker es un oso grande. Iker vive en una bonita cueva en el País Vasco. Él vive con toda su familia en la cueva.

Iker baja cada día al pueblo para comprar comida. Iker compra carne y verdura en la tienda. Delante de la tienda, hay un restaurante. Iker ve a la gente comer y huele todos los platos recién hechos.

Iker quiere ser cocinero, pero nadie lo sabe. Un oso nunca ha sido chef. Iker tiene miedo. Él se

Tapas

Tapas are small appetizers that are served in Spanish restaurants. They are usually served with a drink, such as beer or wine. Eating tapas in a bar is called "ir de tapas" or "tapeo".

Iker is a big bear. Iker lives in a beautiful cave in the Basque Country. He lives with his whole family in the cave.

Iker goes down to the village every day to buy food. Iker buys meat and vegetables at the store. Across the street from the store, there's a restaurant. Iker watches people eat there and smells all the freshly made dishes they cook there.

Iker wants to be a chef, but nobody knows it. No bear has ever been a chef. Iker is afraid. He

prepara en secreto para ser cocinero. Cocina por las noches para que nadie lo sepa. Iker quiere ser el primer oso chef del mundo.

Un día, Iker se arma de valor y le pregunta a su madre:

—Oye, mamá. ¿Qué hace falta para ser un buen cocinero?

—¿Cocinero? No entiendo por qué me preguntas eso. Los osos no cocinamos —le dice su madre.

—Pero un oso puede cocinar, ¿verdad?

—Sí, claro. Si quiere, un oso puede cocinar.

—Pues yo cocinaré. Seré el mejor oso chef del mundo. Ya lo verás, mamá —le dice Iker, muy decidido.

Iker se va esa misma tarde de la cueva. Le dice a sus padres y hermanos que va a ser chef. Su familia no le cree. Ningún oso ha sido capaz de ser cocinero. Iker quiere cumplir su sueño de

is secretly training to become a chef. He cooks at night so no one notices. Iker wants to be the world's first bear chef.

One day, Iker plucks up the courage and asks his mother:

"Hey, Mom. What does it take to be a good chef?"

"A chef? I don't understand why you would ask that. We bears don't cook," his mother tells him.

"But a bear would be capable of cooking, right?" asks Iker.

"Yes, of course. If a bear wants to, a bear can."

"Well, I will cook. I will be the best bear chef in the world. You'll see, mom," says Iker, very determined.

Iker leaves the cave that same afternoon. He tells his parents and siblings that he is going to be a chef. His family doesn't believe him. No

ser chef. Él le demostrará al mundo que un oso puede cocinar bien.

Al día siguiente, Iker camina por un largo sendero para llegar a una ciudad. La ciudad se llama Bilbao. Iker llega a una tienda. Es la tienda donde compra comida cada semana. Delante de la tienda, hay un bonito restaurante. Iker quiere trabajar en ese restaurante. Él entra por la puerta. Se dirige al mostrador y le hace una pregunta al dueño del restaurante.

—Perdone, soy el oso Iker y quiero ser cocinero. ¿Puedo trabajar en este restaurante?

—Mmmm, de acuerdo. ¡Tendrás que hacer una prueba!

—¡Perfecto! ¿Qué tengo que hacer?

—Tienes que cocinar 100 tapas. Todas las tapas vascas que existen, y tienen que estar deliciosas.

Las servirás mañana por la noche en la cena. Si lo haces, serás mi nuevo chef.

bear has ever been a chef. Iker wants to fulfill his dream of becoming a chef. He will prove to the world that a bear can cook well.

The next day, Iker walks a long trail to reach a city. Said city is called Bilbao. Iker arrives at a store. It's the store where he buys food every week. Across the street from the store, there's a nice restaurant. Iker wants to work in that restaurant. He enters through the door. He goes to the counter and asks the restaurant owner a question:

"Excuse me, I'm Iker the bear and I want to be a chef. Can I work in this restaurant?"

"Hmmm, alright. You'll have to take a test!"

"Perfect! What do I have to do?" asks Iker.

"You have to cook 100 *tapas*. Every single Basque *tapa* that exists. And they have to be delicious.

You will serve them tomorrow night at dinner. If you make it, you'll be my new chef."

Iker duda. Él sabe cocinar, pero nunca ha cocinado tapas vascas. Iker quiere impresionar al dueño del restaurante. Se aclara la garganta y le dice:

—Lo haré. ¡Cocinaré 100 tapas vascas y seré tu nuevo chef!

Iker cocina durante toda la noche. La prueba del día siguiente es muy importante. Él quiere ser chef. Iker no entiende algunas recetas. Él consigue hacer 50 tapas, pero ya no sabe hacer más. Nunca ha cocinado tapas vascas. Él se siente perdido. Iker se pone a llorar. No sabe cómo seguir. Él cree que no superará la prueba.

De repente, Iker tiene una idea y deja de llorar:

—Ya sé lo que necesito: ¡un libro de recetas! Iré a una librería cercana y compraré uno.

Iker va a una librería de Bilbao. En la librería, hay cientos de libros de cocina. Uno de ellos llama su atención. Es un libro muy grande. Es rojo y tiene las hojas de color dorado.

Iker has doubts. He knows how to cook, but he has never cooked Basque *tapas*. Iker wants to impress the restaurant's owner. He clears his throat and tells him:

"I will do it. I'll cook 100 Basque *tapas* and I'll be your new chef!"

Iker cooks all night long. The next day's test is very important. He wants to be a chef. Iker doesn't understand some of the recipes. He manages to prepare 50 *tapas*, but there aren't any more that he knows how to make. He has never cooked Basque *tapas*. He feels lost. He cries. He doesn't know what to do. He thinks he won't be up for the test.

Suddenly, Iker has an idea and stops crying:

"I know what I need: a cookbook! I'll go to a nearby bookshop and buy one."

Iker goes to a bookshop in Bilbao. In the bookshop, there are hundreds of cookbooks. One

Iker paga y regresa a casa.

El libro se llama "El libro mágico de la cocina". Iker lee el título del libro en voz alta. De pronto, el libro se abre y empieza hablar:

—Hola, Iker, ¡soy el libro mágico de la cocina! Solamente tienes que pedirme un plato y te enseñaré a hacerlo. Vamos, ¡dime qué necesitas aprender!

—Libro mágico, ¡enséñame a hacer tapas vascas!

El libro mágico se abre y, de él, empieza a salir comida: atún, olivas, pan, aceite y muchos más ingredientes. El libro habla y le explica a Iker cómo hacer tapas vascas. Los ingredientes se ponen solos en los platos. Iker solamente tiene que seguir los pasos que el libro le da. En unas horas, él tiene las 100 tapas vascas preparadas.

—¡Lo hemos conseguido! —dice Iker muy contento.

of them appeals to him. It's a very big book. It's red with golden pages.

Iker pays and goes back home.

The book is called "The Magical Cookbook." Iker reads the book's title out loud. Suddenly, the book opens by itself and starts talking:

"Hi, Iker. I'm the magical cookbook! You just have to request a dish and I'll teach you how to prepare it. Come on, tell me what you need to learn!"

"Magical cookbook, teach me how to prepare Basque *tapas*!"

The magic cookbook opens by itself and food starts coming out of it: tuna, olives, bread, oil and many more ingredients. The book talks about Basque *tapas* and explains to Iker how to make them. The ingredients place themselves on the plates. Iker only has to follow the steps given by the book. Within a few hours, he has prepared all 100 Basque *tapas*.

—Yo te he ayudado, pero el talento es tuyo, Iker. ¡Eres un gran cocinero! —le dice el libro mágico.

Al día siguiente, Iker presenta las 100 tapas vascas en el restaurante. El dueño queda impresionado. Las tapas vascas de Iker están buenísimas. Iker se convierte en el nuevo chef del restaurante.

Iker vuelve a la cueva. Él quiere ver a su familia. Iker le cuenta a sus padres que ahora es chef. Él lo ha conseguido. Iker es el primer oso chef del mundo.

"We did it!" says Iker, very happy.

"I helped you, but the talent is yours, Iker. You are a great chef!" the magic book tells him.

The next day, Iker presents his 100 Basque *tapas* at the restaurant. The owner is impressed. Iker's Basque *tapas* are delicious. Iker becomes the restaurant's new chef.

Iker returns to his cave. He wants to see his family. Iker tells his parents that he is now a chef. He made it. Iker is the world's first bear chef.

6

Juan, el cantante de joropo

Juan, the Joropo Singer

El joropo

El joropo es una música tradicional venezolana que tiene influencias nativas sudamericanas, africanas y europeas.

En las grandes planicies que son los llanos venezolanos, vive un niño llamado Juan con sus padres en una pequeña granja, donde tienen todo tipo de animales: vacas, cochinos, gallinas y perros.

Una de las tradiciones más importantes del llano es el canto. Los llaneros suelen cantar un tipo de música típica conocida como joropo. En las fiestas, lo cantan acompañados de los instrumentos arpa, cuatro (una pequeña guitarra de cuatro cuerdas) y maracas. En el día a día, los llaneros lo cantan mientras hacen sus quehaceres.

Joropo

Joropo is a traditional Venezuelan music genre that has native South American, African, and European influences.

In the great plains of the Venezuelan *Llanos*, a boy named Juan lives with his parents in a small farm where they have all kinds of animals: cows, pigs, chickens, and dogs.

One of the most important traditions of the *Llanos* is singing. The *llaneros* usually sing a traditional music genre known as *joropo*. At parties, they sing it with the accompaniment of the harp, the *cuatro* (a small four-stringed guitar) and the *maracas*. In their day-to-day, the *llaneros* sing it while doing their chores.

A veces, cuando Juan va a ordeñar sus vacas, canta hermosas canciones para que ellas estén tranquilas. Canta canciones a los pollitos y a las gallinas cuando les echa la comida. También le canta a los perros cuando estos lo acompañan a pelar y moler el maíz.

Tanto disfruta Juan cantar que sus padres quieren que aprenda, así que lo inscriben en una escuela de canto en el pueblo cercano. Y después de asistir a sus clases regulares, Juan se va a la escuela de canto, donde le enseñan cómo usar su voz como un instrumento musical.

Y aunque Juan ocupa gran parte de su día entre sus clases habituales y la escuela de música, no deja de ayudar a sus padres en la granja, y siempre tiene tiempo para cantarle alguna canción a sus animalitos. Especialmente las canciones de Simón Díaz, que son sus favoritas, como la "Tonada del Cabestrero" o la "Tonada de Luna Llena".

Sometimes, when Juan goes to milk his cows, he sings beautiful songs to keep them quiet. He sings songs to the chicks and hens while he pours their food. He also sings to the dogs when they stand by him while he peels and grinds the corn.

Juan enjoys singing so much that his parents want him to learn singing properly, so they enroll him in a singing school in a nearby town. After attending regular school, Juan goes to singing school, where he is taught how to use his voice as a musical instrument.

And although regular school and music school take up much of Juan's day, he still helps his parents on the farm, and always has time to sing songs to his animals. Simon Diaz's songs such as "*Tonada del Cabestrero*" or "*Tonada de Luna Llena*" are his favorites.

Juan sabe que los animales no pueden entenderlo, porque los animales no hablan el mismo idioma que los humanos. No obstante, el pequeño siente que, cuando canta, los perros, las vacas, las gallinas y los cochinos entienden lo que les canta, y que disfrutan con el sonido de su voz...

Pasa el tiempo y Juan se vuelve uno de los mejores estudiantes de la escuela de música. Su profesor está muy orgulloso de él y cree que puede llegar a ser uno de los mejores cantantes de joropo del país. Tanto cree el profesor en el talento de Juan, que le dice:

—Juan, muchacho, se acerca el campeonato nacional de canto de joropo, donde compiten las mejores voces del país, y yo creo que tu podrías ganar —dice el profesor, poniendo una mano sobre el hombro de Juan.

—Pero ¿cómo podría ganar? —responde el pequeño—. Habrá personas mucho más preparadas y con mejor voz... Yo solo soy un

Juan knows that the animals can't understand him because animals don't speak the same language as humans. However, the little boy feels that, when he sings, the dogs, cows, chickens, and pigs understand him and enjoy the sound of his voice...

Time passes and Juan becomes one of the best students at the music school. His teacher is very proud of him and believes he can become one of the best *joropo* singers in the country. So much does the professor believe in Juan's talent that he tells him:

"Juan, my boy, the national *joropo* singing championship, where the best voices in the country compete, is coming up, and I think you can win," says the professor, putting a hand on Juan's shoulder.

"But how could I win?" replies the little boy. "There will be people much more prepared than I am and with a better voice than mine... I'm just a

niño llanero, no puedo competir contra los cantantes de las grandes ciudades, que están mejor preparados.

Es cierto, pues el joropo, aunque es un tipo de música típico del llano, se escucha y se canta en toda Venezuela.

—Es cierto, Juan. Pero yo creo que nadie podría sentir el joropo como tú, que eres llanero y que sientes nuestra música como nadie.

Juan no dice nada más y vuelve muy preocupado a casa. No menciona cosa alguna a sus padres, para no preocuparlos a ellos también.

Durante sus tareas habituales en la granja, se pone a cantar como siempre. Y como todos los días, los animales se acercan a escucharlo cantar.

—Ojalá pudiera cantar frente a un público como canto frente a ustedes... —le dice Juan a sus animales—, pero tengo miedo de que a las demás personas no les guste mi voz y que

llanero kid, I can't compete with the singers from the big cities, who are better prepared."

That's right. Although *joropo* is a traditional music genre from the *Llanos*, it is heard and sung all over Venezuela.

"That's right, Juan. But I believe that no one could feel *joropo* like you do. You are a *llanero* and you feel our music like no one else."

Juan says nothing more and returns home. He's very worried. He doesn't mention anything to his parents because he doesn't want to worry them as well.

During his usual chores at the farm, he sings as he usually does. And like any other day, the animals come to listen to him sing.

"I wish I could sing in front of an audience like I sing in front of you guys..." Juan tells his animals. "But I fear that other people won't like my voice and that

piensen que no soy un verdadero cantante de joropo...

—Pero, muchacho —le dice una vaca—, no tengas miedo. Estoy segura de que les gustará muchísimo tu voz.

—¡Así es! —continúa el cochino—, ¡Oinc, oinc! Tienes una voz muy bonita, muchacho. Pero lo mejor es que sientes lo que cantas.

Juan no lo puede creer, ¡los animales hablan!

—¡Clocló! ¡Clocló! —dicen las gallinas, saltando de un lado a otro—. La música llanera es la música de los llanos, del campo. Nadie podría cantar esta música como tú, que eres un niño llanero.

—Nosotros creemos en ti, Juan —dice el más viejo de los perros—. Te hemos escuchado cantar durante mucho tiempo. Haces que nuestros días sean más alegres cuando cantas. No tengas miedo, seguro que te va muy bien en el concurso y, si no ganas, pues habrás dado tu

they will think I am not a true *joropo* singer..."

"But, boy," says a cow, "don't be afraid. I'm sure they will like your voice a lot."

"That's right!" adds the pig. "Oink, oink! You have a very nice voice, boy. But what's even better is that you feel what you sing."

Juan cannot believe it; the animals are talking!

"Cluck, cluck!" say the hens, jumping from one side to the other. "The *llanera* music is the music of the *Llanos*, of the countryside. No one could sing this genre of music like you, a *llanero* boy."

"We believe in you, Juan," says the oldest of the dogs. "We have heard you sing for a long time. You make our days more joyful when you sing. Don't be afraid, I'm sure you will do very well in the contest, and even if you don't win, you will have given your

mayor esfuerzo y podrás seguir concursando hasta ganar.

Juan abraza a sus animales, agradeciéndoles por su gesto tan bondadoso, y toma la decisión de participar en el campeonato nacional de canto.

Y aun cuando la competencia está muy reñida, Juan canta la "Tonada de Luna Llena" que tanto le gusta y obtiene la victoria absoluta, ganándole a cantantes de joropo mucho mayores que él, de todas las regiones del país.

El pequeño Juan celebra su victoria junto a su profesor de canto y sus padres, pero también la celebra junto a sus animales, que le dieron apoyo. Pues, sin ellos y su amistad, nunca habría tenido el valor de cumplir su sueño.

best and you will be able to keep on competing until you win."

Juan hugs his animals, thanking them for their kind gesture, and makes the decision to participate in the national singing championship.

And even though the competition is very close, Juan sings "*Tonada de Luna Llena*", which he likes so much, and is the absolute winner, beating *joropo* singers much older than him and from all regions of the country.

Little Juan celebrates his victory with his singing teacher and his parents, but also with his animals, who gave him support, for, without them and their friendship, he would never have had the courage to fulfill his dream.

7

Max, el zorro peregrino

Max, the Pilgrim Fox

El Camino de Santiago

El Camino de Santiago es un famoso conjunto de caminos de peregrinación de origen medieval y cristiano. Todos los caminos tienen como destino la catedral de Santiago de Compostela. Todas las personas que lo hacen se denominan "peregrinos".

El zorro Max es pequeño y vive en el bosque. Su casa es una madriguera. En la madriguera, viven Max y sus padres.

Max es un zorro muy tímido y curioso. Él nunca ha visto nada más allá del bosque. Sus padres le tienen prohibido alejarse y cruzar el río. El río está cerca de su madriguera, pero ningún zorro lo atraviesa. Al cruzar el río, se llega a un camino, el Camino de Santiago.

Camino de Santiago

Camino de Santiago is a famous network of pilgrims' ways of medieval and Christian origin. All its routes have the cathedral of Santiago de Compostela as their destination. The people who walk them are called "pilgrims."

Max the fox is small and lives in the forest. His house is a burrow. Max and his parents live in the burrow.

Max is a very shy and curious fox. He has never seen anything beyond the forest. His parents have forbidden him to go far away and cross the river. The river is close to their burrow, but no foxes cross it. Across the river, there is a road called the *Camino de Santiago*.

El bosque donde vive Max está en Galicia. Galicia está lleno de bosques y caminos. Max quiere recorrer el Camino de Santiago. Él tiene el sueño de convertirse en peregrino y caminar por todos los caminos de Galicia.

Un día de lluvia, Max ve a una mariposa volar cerca del agua del río. La mariposa tiene problemas para volar. Ella está a punto de caer dentro del agua. Max corre para ayudarla.

—¡Mariposa! Mariposa, ¡soy el zorro Max! ¡He venido para ayudarte!

La mariposa mira a Max y, con los ojos muy tristes, le dice:

—Hola, soy la mariposa Estrella. He perdido mi magia y, poco a poco, estoy dejando de volar. No sé qué hacer.

—¿Estás perdiendo tu magia? ¿Las mariposas son mágicas? Nunca había conocido a ninguna.

—Así es. Todas las mariposas tenemos magia y, al volar, la repartimos por el mundo. Pero yo la

Max lives in a forest in Galicia. Galicia is full of forests and roads. Max wants to walk the *Camino de Santiago*. He dreams of becoming a pilgrim and walking all the roads in Galicia.

One rainy day, Max sees a butterfly flying near the river, close to the water. The butterfly has trouble flying. She is about to fall into the water. Max runs to help her.

"Butterfly! Butterfly, I am Max the fox! I am coming to help you!"

The butterfly looks at Max and, with very sad eyes, says:

"Hello, I am Estrella the butterfly. I have lost my magic and, little by little, I'm losing my ability to fly. I don't know what to do."

"Are you losing your magic? Are butterflies magical? I've never met a butterfly before," asks Max.

estoy perdiendo. Una bruja ha robado la gema mágica del bosque que nos da la magia.

—¿Y tienes que encontrar esa gema para volar?

—Así es. La gema da magia al bosque y me hace volar. Tenemos que encontrarla. Ayúdame, pequeño Max.

—Te quiero ayudar, Estrella. Pero no sé dónde está la gema.

—Yo sí. Está escondida en la catedral de Santiago. Al final del camino de los peregrinos.

—De acuerdo, ¡vamos a buscarla!

Max ayuda a la mariposa Estrella para que no se caiga al agua. La mariposa se sube a la espalda de Max. Los dos salen corriendo y atraviesan el río. Max y su nueva amiga llegan al Camino de Santiago. Max quiere ayudar a las mariposas a recuperar la magia.

"That's right. All of us butterflies have magic and, when we fly, we spread it around the world. But I am losing my magic. A witch has stolen the magical gem from the forest that gives us magic."

"And you have to find that gem to fly?" asks Max.

"That's right. The gem provides the forest with magic and allows me to fly. We have to find it. Help me, little Max."

"I want to help you, Estrella. But I don't know where the gem is."

"I do. It is hidden in the Cathedral of Santiago, At the end of the pilgrims' ways."

"All right, let's go get it!"

Max helps the butterfly Estrella so it does not fall into the water. The butterfly climbs on Max's back. The two run away and cross the river. Max and his new friend arrive on the

Max y Estrella caminan muchas horas por el Camino de Santiago. El camino está lleno de árboles. Los pájaros cantan muy alto.

Estrella habla con todos los animales con los que se cruzan. Max también habla con ellos. Max se siente feliz de estar en el Camino de Santiago. Él siempre ha querido ser un peregrino. Max cumplirá su sueño de ver Santiago de Compostela. Él quiere ayudar a Estrella y, haciendo el Camino de Santiago, lo conseguirá.

Después de muchas horas de camino, Max y la mariposa Estrella llegan a Santiago de Compostela. Max se queda alucinado al ver una catedral tan grande y bonita. Estrella se pone muy contenta de haber llegado. Estrella siente que están cerca de conseguir la gema y recuperar la magia.

—¡Hemos llegado, Max! ¡Aquí está escondida la gema! ¡Corre, entremos a la catedral, tenemos que encontrarla!

Camino de Santiago. Max wants to help the butterflies get their magic back.

Max and Estrella walk many hours along the *Camino de Santiago*. The road is full of trees. The birds sing loudly.

Estrella talks to all the animals they come across. Max also talks to them. Max is happy to be on the *Camino de Santiago*. He has always wanted to be a pilgrim. Max will fulfill his dream of seeing *Santiago de Compostela*. He wants to help Estrella and, by walking the *Camino de Santiago*, he will achieve his goal.

After many hours on the road, Max and the butterfly Estrella arrive in *Santiago de Compostela*. Max is amazed to see such a large and beautiful cathedral. Estrella is very happy to have arrived. Estrella senses that they are close to getting the gem and regaining the magic.

—¡Espera, Estrella! ¿Cómo sabremos dónde está la gema? Esta catedral es muy grande. Yo nunca he estado dentro de una catedral. Me voy a perder.

—No te perderás. Estaré a tu lado. Solamente tienes que seguir el camino de polvo dorado. Mis alas todavía tienen algo de magia. Síguelo si te pierdes.

—¡De acuerdo!

Max y Estrella entran a la Catedral de Santiago. Estrella vuela muy rápido. Max se queda atrás.

Max recuerda lo que Estrella le ha dicho sobre el polvo dorado. Él mira en el suelo y busca el polvo mágico. Max lo encuentra un poco más adelante, en un largo pasillo. Max recorre el pasillo corriendo y llega a una gran puerta marrón. Max abre la puerta y sube unas escaleras. Las escaleras le llevan hasta un campanario. En el campanario, ve a Estrella volando muy rápido alrededor de una caja dorada.

"We have arrived, Max! The gem is hidden here! Let's go inside the cathedral, we have to find it!"

"Wait, Estrella! How will we know exactly where the gem is? This cathedral is huge. I have never been inside a cathedral. I'm going to get lost."

"You won't get lost. I will be by your side. Just follow the path of gold dust. My wings still have some magic. Follow it if you get lost."

"Alright!"

Max and Estrella enter the Cathedral of Santiago. Estrella flies very fast. Max stays behind.

Max remembers what Estrella told him about the gold dust path. He looks at the ground and searches for the magic dust path. Max finds it a little further down a long corridor. Max runs down the hallway and arrives at a large brown door. Max opens the door and goes up some stairs. The stairs lead up to a bell tower. In

—¡Es aquí, Max! Este es el cofre donde la bruja esconde la gema. Ayúdame, ¡vamos a abrirlo!

Max y Estrella abren la tapa del cofre dorado. Dentro, hay una gema verde brillante muy grande.

Max mira la gema. Él nunca ha visto nada tan bonito. Su color verde es tan brillante como el sol. Estrella está llena de alegría. Se acerca a la gema. Ella la coge con las manos y pronuncia unas palabras.

—Magia del bosque, vuelve. Soy la mariposa Estrella y te he salvado.

La gema empieza a brillar cada vez más. De repente, un rayo de luz dorada sale disparado hacia el cielo. Todo el cielo se vuelve de color dorado. Estrella ya puede volar. Sus alas se mueven rápido. De sus alas, cae mucho polvo dorado.

the bell tower, he sees Estrella flying very fast around a golden chest.

"This is it, Max! This is the chest where the witch hides the gem. Help me, let's open it!"

Max and Estrella open the lid of the golden chest. Inside, there is a very large bright green gem.

Max looks at the gem. He has never seen anything more beautiful. Its green color is as bright as the sun. Estrella is full of joy. She approaches the gem. She takes it in her hands and says a few words:

"Magic of the forest, return! I am Estrella the butterfly and I have come to your rescue."

The gem begins to glow brighter and brighter. Suddenly, a beam of golden light shoots into the sky. The whole sky turns golden. Estrella can now fly. Her wings move fast. A lot of golden dust falls from her wings.

—¡Lo hemos conseguido, Max! ¡La magia ha vuelto! ¡Mis alas ya tienen magia y puedo volar! ¡Gracias, amigo!

—Ha sido un placer, Estrella. Gracias a ti, he conocido el Camino de Santiago y he visto esta catedral.

Max se siente lleno de felicidad. Él se despide de Estrella al salir de la catedral. Max vuelve a casa por el Camino de Santiago y se siente muy feliz. Ha ayudado a una amiga. Ha hecho que la magia vuelva al bosque. Max ha sido peregrino por un día. Su sueño se ha hecho realidad.

"We did it, Max! The magic is back! My wings have magic again and I can fly! Thank you, my friend!"

"It has been a pleasure, Estrella. Thanks to you, I got to know the *Camino de Santiago* and this cathedral."

Max is filled with happiness. He says goodbye to Estrella as he leaves the cathedral. Max returns home through the *Camino de Santiago* and is very happy. He has helped a friend. He has brought magic back to the forest. Max has been a pilgrim for a day. His dream has come true.

8

La aventura del dragón César

The Adventure of César the Dragon

Asado

El asado es una comida tradicional de Argentina. El asado es carne de vaca o de cerdo cocinada sobre una parrilla. Es muy popular juntarse con familia o amigos para comer asado.

César es un dragón. Él vive en un gran castillo con su familia. Todos los días, César come hamburguesas para dragones.

—Ya no quiero comer hamburguesas para dragones —le dice César a su mamá—. Es muy aburrido.

—César —responde su madre—, son solo hamburguesas. ¡No pueden ser aburridas!

—Sí lo son —responde César—. Quiero probar otras comidas.

Asado

Asado is a traditional Argentinian food. Asado is beef or pork cooked on a grill. It is very common to get together with family or friends to eat asado.

César is a dragon. He lives in a large castle with his family. Every day, César eats dragon burgers.

"I don't want to eat dragon burgers anymore," César tells his mother. "They are very boring."

"César," his mother replies, "they're just burgers, they can't be boring!"

"Yes, they are," César replies. "I want to try other foods."

César está enfadado. Él termina de comer su hamburguesa y se va a su habitación. Antes de dormir, César piensa: «Las hamburguesas para dragones son aburridas. Quiero una comida más divertida. O una comida más deliciosa. ¡Eso es! ¡Quiero una comida más deliciosa!».

César decide que no comerá más hamburguesas.

Al día siguiente, César despierta. Su madre lo llama.

—César, ven a desayunar —le dice desde la cocina.

César baja las escaleras del castillo. La mesa está servida. En el plato de César, hay una gran hamburguesa para dragones.

—¡No comeré esta hamburguesa! —grita enfadado—. Quiero una comida más divertida. ¡Quiero una comida más deliciosa!

César is angry. He finishes eating his burger and goes to his room. Before going to sleep, César thinks: Dragon burgers are boring. I want to eat something that's more fun. Or more delicious. That's it! I want more delicious food!

César decides he won't eat any more burgers.

The next day, César wakes up. His mother calls him.

"César, come have breakfast," she says from the kitchen.

César descends the stairs of the castle. The table is set. On César's plate, there is a large dragon burger.

"I will not eat another burger!" he shouts angrily. "I want a more fun meal. I want more delicious food!"

—César —lo calma su madre—. Solo es una hamburguesa. Debes comerla. Esto es lo que comen los dragones.

—Pues no —responde César—. Los dragones podemos comer otras comidas. ¡Lo probaré!

César se levanta de la mesa. Él se siente enfadado. Él camina hacia una gran ventana del castillo. Abre sus grandes alas de dragón y comienza a volar. Mientras vuela, ve muchas cosas. Él ve el castillo de sus vecinos.

—Buen día, señor rey —saluda César a su vecino.

—Buen día, César —le responde el rey—. Es muy temprano. ¿Sales a dar un paseo?

—Estoy buscando algo de comida.

—¿Tienes hambre? Ven a mi castillo. Aquí tenemos deliciosas hamburguesas para dragones.

"César," says his mother, trying to calm him down. "It's just a burger. You must eat it. That's what dragons eat."

"Well, no, we don't," César replies. "Dragons can eat other foods. I will prove it!"

César gets up from the table. He is angry. He walks toward a large window of the castle. He opens his large dragon wings and flies away. As he flies, he sees many things. He sees his neighbors' castle.

"Good morning, Mr. King," César greets his neighbor.

"Good morning, César," replies the king. "It is very early in the morning. Are you flying around?"

"I'm looking for food."

"Are you hungry? Come to my castle. Here we have delicious burgers for dragons."

—¡Oh, no! —le responde César—. Ya no quiero comer hamburguesas. Estoy buscando una comida más divertida. ¡Y deliciosa!

—¿Una comida más deliciosa que las hamburguesas? —el rey pregunta, sorprendido—. Pero eso no existe.

—Debe haber una comida más divertida y deliciosa —responde César, alejándose—. ¡Yo lo probaré!

—Pues entonces, ¡buen viaje!

César continúa su viaje. Él ve muchos castillos diferentes. Él puede ver los patios de los castillos. En algunos patios, hay familias de dragones. Las familias están comiendo hamburguesas. De pronto, César llega a una ciudad grande. Él ve muchos autos en las calles. Él también ve muchas tiendas. En las calles, hay muchas personas. César no ve ningún tipo de comida. Él sigue su viaje.

"Oh no!" César replies. "I don't want to eat burgers anymore. I'm looking for a more fun and delicious meal!"

"A more delicious meal than burgers?" the king asks, surprised. "That doesn't exist."

"There has to be a more fun and delicious meal," César replies, flying away. "I will prove it!"

"Well then, bon voyage!"

César continues his journey. He sees many different castles. He can see the castles' courtyards. In some courtyards, there are families of dragons. Those families eat burgers. Suddenly, César arrives in a large city. He sees a lot of cars on the streets. He also sees a lot of stores. There are many people on the streets. César doesn't see any food. He continues his journey.

César llega a un pequeño pueblo. Él ve muchos árboles y flores. Él también ve niños jugando. En las calles, hay pocos autos. De repente, un aroma sorprende a César.

—Ese aroma – se dice a sí mismo— jamás lo había olido antes. ¡Es delicioso!

César mira hacia abajo. El aroma llega desde una casa. La casa tiene un gran patio. En el patio, hay una familia. La familia está comiendo algo. César se acerca un poco.

—La familia está comiendo —se dice a sí mismo—. ¡Y no son hamburguesas! ¡Pero huele delicioso!

César llega hasta el patio de la casa. Él se esconde entre algunos árboles. Él observa la comida.

—Eso parece carne —se dice a sí mismo.

De pronto, un niño lo ve. El niño se acerca a César.

César arrives in a small town. He sees many trees and flowers. He also sees children playing. There are few cars on the streets. Suddenly, a scent surprises César.

That scent, he says to himself. I have never smelled it before. It smells delicious!

César looks down. The scent comes from a house. The house has a large yard. In the yard, there is a family. The family is eating something. César gets a little closer.

The family is eating, he says to himself. And those are not burgers, yet they smell delicious!

César arrives at the yard of the house. He hides among some trees. He watches the food.

That looks like meat, he says to himself.

Suddenly, a child sees César. The boy approaches him.

—Hola, soy Gabriel.

—Hola, yo soy César.

—¿Quieres comer? Estamos comiendo asado. Papá lo cocinó.

—¡Me encantaría! —responde César, emocionado.

César sigue al niño hasta la mesa. Gabriel le da un plato. El padre de la familia le da la bienvenida. Luego, la madre de la familia le sirve comida en el plato. César le da un mordisco a la carne.

—¡Esto es increíble! ¡Es delicioso! Discúlpenme, debo ir a un lugar. Volveré pronto.

César sale volando rápidamente. Cruza todo el pueblo y, de nuevo, la ciudad. Él vuela entre los castillos de sus vecinos. César llega a su castillo.

—¡Mamá! ¡Papá! —grita con emoción—. ¡Deben venir conmigo! Quiero mostrarles algo.

"Hi, I'm Gabriel."

"Hi, I'm César."

"Do you want to eat with us? We are eating *asado*. Dad cooked it."

"I would love to!" replies César, excitedly.

César follows the boy to the table. Gabriel gives him a plate. The father of the family welcomes him. Then, the mother of the family serves food on his plate. César takes a bite of the meat.

"This is unbelievable! It's delicious! Excuse me, I have to go somewhere. I will be back soon."

César quickly flies off. He crosses the town and the city on his way back. He flies between the castles of his neighbors. César arrives at his castle.

"Mom! Dad!" he shouts excitedly. "You must come with me! I want to show you something."

César y su familia salen volando. Ellos llegan a la casa de Gabriel. César hace que su familia pruebe el asado. A la familia le encanta.

—Tenías razón, César —le dice su madre feliz—. Sí existe una comida más deliciosa que las hamburguesas, ¡es el asado!

César and his family fly away. They arrive at Gabriel's house. César has his family try the *asado*. His family loves it.

"You were right, César," his mother says, happily. There is indeed a more delicious food than burgers. It's the *asado*!"

9

El pirata y la princesa

The Pirate and the Princess

Tango

El tango es un tipo de música y un baile tradicional de Argentina. Lo bailan dos personas. Varias parejas suelen bailarlo al mismo tiempo. El principal instrumento musical en el tango es el acordeón.

En un reino alejado de la ciudad, hay un mar. En el mar, vive el pirata Ramón. A Ramón le encanta el mar. A Ramón le gusta navegar en su gran barco pirata. A él también le gusta pescar, pero hay algo que a Ramón le encanta: Ramón ama bailar tango.

En el reino, también hay un gran castillo. En el castillo, vive la princesa Ámbar. A Ámbar le encanta el castillo. A ella le gusta mirar por las ventanas. A Ámbar también le encanta sentarse

Tango

Tango is a music genre and a traditional dance from Argentina. It is danced by two people. Usually, several couples dance to its rhythm at the same time. The accordion is the most widely used musical instrument in tango.

In a kingdom far from the city, a sea can be found. The pirate Ramón lives out on the sea. Ramón loves the sea. Ramón likes to sail his big pirate ship. He also likes to fish, but there's something that Ramón loves: Ramón loves to dance tango.

In the kingdom, there is a large castle as well. Princess Ambar lives in that castle. Ambar loves the castle. She likes to look out its windows. Ambar also loves to sit

a leer en el balcón. Pero hay algo que a Ámbar le encanta: Ámbar ama bailar tango. El pirata Ramón y la princesa Ámbar viven en el mismo reino. Ellos están enamorados. Todas las tardes, Ramón espera a Ámbar a la orilla del mar.

Algunos días, Ramón recoge caracolas. Él se las obsequia a Ámbar. Otros días, Ramón recoge estrellas de mar. A él le gusta hacerle obsequios a Ámbar.

A Ámbar le gusta usar los obsequios en su cabello. Algunos días, ella se hace una vincha de caracolas. Otros días, ella se coloca una estrella de mar como broche.

A Ramón y a Ámbar les encanta bailar tango juntos. Todas las tardes, ellos bailan en la arena. Algunas veces, los cangrejos se acercan a la orilla del mar. Los cangrejos tocan muy bien el acordeón. Algunas gaviotas también se acercan. A las gaviotas les encanta el tango. A veces, ellas bailan tango.

and read on the balcony. But there's something that Ambar loves: Ambar loves to dance tango. Pirate Ramón and Princess Ambar live in the same kingdom. They are in love. Every afternoon, Ramón waits for Ambar at the seashore.

Some days, Ramón collects seashells. He gives them to Ambar as gifts. Other days, Ramón collects starfish. He likes to bring gifts to Ambar.

Ambar likes to wear the gifts in her hair. Some days, she makes a headband out of seashells. Other days, she wears a starfish as a brooch.

Ramón and Ambar love to dance tango together. Every afternoon, they dance on the sand. Sometimes, crabs come close to the seashore. Crabs play the accordion very well. Some seagulls come as well. Seagulls love tango. Sometimes, they dance tango.

Desde la orilla, algunos pulpos observan a la pareja. A todos en el mar les encanta el tango. A todos les gusta ver bailar a Ramón y a Ámbar.

Una tarde, Ramón y Ámbar están bailando. Todos los miran. De pronto, un delfín desde la orilla dice:

—¡Tengo una idea! Hay un concurso de baile en la ciudad. Ramón y Ámbar, ¡deben anotarse! Ustedes bailan muy bien. Pueden ganar.

A Ramón y a Ámbar les gusta la idea. Esa misma tarde, van a la ciudad. Allí, se anotan en el concurso. Ellos están felices.

Ramón y Ámbar comienzan a practicar. Ellos practican todas las mañanas. Ellos también bailan por la tarde. Algunos días, bailan hasta la noche. Los días pasan. Ellos mejoran su baile. Todos en el mar están contentos. Todos creen en ellos.

From the water, some octopuses watch the couple. Everyone in the sea loves tango. Everyone likes to watch Ramón and Ambar dance.

One evening, Ramón and Ambar dance. Everyone is looking at them. Suddenly, a dolphin says from the water:

"I have an idea! There is a dance contest in town. Ramón and Ambar, you should sign up! You dance very well. You can win."

Ramón and Ambar like the idea. That same afternoon, they go to the city. There, they sign up for the contest. They are happy.

Ramón and Ambar start practicing. They practice every morning. They dance in the afternoon as well. Some days, they dance into the night. The days go by. Their dancing improves. Everyone in the sea is happy. Everyone believes in them.

Un día antes del concurso, Ámbar está preocupada.

—¿Qué pasa si perdemos el concurso? —le pregunta a Ramón.

—No podemos perderlo. Bailamos muy bien.

—Pero hay otras parejas. ¿Y si ganan otras personas? —agrega Ámbar.

—No te preocupes, todo estará bien —la consuela Ramón.

—No estará bien si perdemos —responde Ámbar con tristeza.

—Lo importante no es ganar un concurso —dice Ramón con voz dulce—. Lo importante es bailar. Cuando bailamos, somos felices, ¿verdad?

—Somos muy felices cuando bailamos —responde Ámbar.

—Entonces, debemos pensar en eso —responde Ramón—. En ser felices mientras bai-

A day before the contest, Ambar is worried.

"What if we lose the contest?" she asks Ramón.

"We won't lose. We dance very well."

"But there are other couples. What if other people win?" asks Ambar.

"Don't worry, everything will be fine," Ramón says, comforting her.

"It won't be fine if we lose," Ambar replies, saddened.

"What's important isn't to win the contest," says Ramón in a sweet voice. "What's important is dancing. We are happy when we dance, right?"

"We are very happy when we dance," Ambar agrees.

"Then, we should think about that," Ramón replies. "About being happy while dancing.

lamos. El concurso es solo para divertirnos. Pero bailar es para sentirnos felices.

Ámbar se siente más tranquila. Al día siguiente, ellos llegan a la ciudad. Hay mucha gente en el concurso.

Ámbar se siente un poco nerviosa. Ella recuerda lo que Ramón le ha dicho: "Bailar es para sentirnos felices".

Algunas parejas comienzan a bailar. De pronto, es el turno de Ramón y Ámbar. Ellos caminan hacia el escenario. "Bailar para sentirnos felices", recuerda Ámbar.

Ellos comienzan a bailar. Bailan muy bien. Se sienten felices.

La última pareja termina de bailar. Todas las parejas caminan hacia el escenario. Alguien va a anunciar a la pareja ganadora. Un hombre con un micrófono dirá los nombres.

Ramón y Ámbar se sienten nerviosos. Ellos oyen al hombre.

We participate in the contest to have fun. But we dance to feel happy."

Ambar feels calmer. The next day, they arrive in the city. There are many people in the contest.

Ambar feels a little nervous. She remembers what Ramón told her: We dance to feel happy.

Some couples begin to dance. Suddenly, it is Ramón and Ambar's turn. They walk on to the stage. We dance to be happy, remembers Ambar.

They begin to dance. They dance very well. They feel happy.

The last couple finishes dancing. All the couples walk on to the stage. The winning couple will be announced. A man with a microphone will call out the names.

Ramón and Ambar feel nervous. They listen to the man.

—La pareja ganadora es... —dice el hombre con misterio— la pareja de...

Todos esperan con nervios. El hombre aún no nombra a los ganadores.

—La pareja ganadora es... —dice nuevamente—. ¡EL PIRATA RAMÓN Y LA PRINCESA ÁMBAR!

Ramón y Ámbar no pueden creerlo. Ellos se sienten muy felices. Se abrazan. Festejan. Ramón le dice a Ámbar:

—¡Lo hemos logrado!

—Sí, porque bailamos para ser felices.

Cuando regresan al reino, le cuentan la noticia a todos. Ellos muestran su premio. El premio es un cisne de cristal.

Todos en el reino festejan. Todos festejan bailando tango.

"The winning couple is..." says the man, mysteriously.

Everyone waits nervously. The man has yet to name the winners.

"The winning couple is..." he says again. "PIRATE RAMÓN AND PRINCESS AMBAR!"

Ramón and Ambar can't believe it. They are very happy. They hug each other. They celebrate. "We made it!" Ramón tells Ambar.

"Yes, we did, because we dance to be happy."

When they return to the kingdom, they tell everyone the news. They show their award. The prize was a crystal swan.

Everyone in the kingdom celebrates. Everyone celebrates by dancing tango.

10

Bolita, el perro jardinero

Bolita, the Gardener Dog

El Parque del Retiro

El Parque del Retiro es un gran parque situado en el centro de la capital de España, la ciudad de Madrid. Es un parque muy turístico y famoso por sus grandes jardines y su precioso lago.

Bolita es un perro normal. Su pelo es de color marrón y lleva un collar rojo. Bolita cada día pasea por un bonito parque. El parque se llama "El Parque del Retiro" y está en Madrid. Bolita adora las flores. Él siempre ha querido ser jardinero y vivir rodeado de la naturaleza.

Una mañana, Bolita se despierta temprano para pasear por el parque. Bolita descubre a un duende entre las plantas. Es el duende de los jardines. El duende está cortando unas rosas mientras canta.

Retiro Park

Retiro Park is a large park located in the center of Madrid, the capital of Spain. It is a tourist destination that is famous for its large gardens and its beautiful lake.

Bolita is a normal dog. His hair is brown and he wears a red necklace. Bolita walks every day through a beautiful park. The park is called Retiro Park and is located in Madrid. Bolita loves flowers. He has always wanted to be a gardener and live surrounded by nature.

One morning, Bolita wakes up very early to go for a walk in the park. Bolita discovers an elf among the plants. He is the elf of the gardens. The elf is cutting some roses while singing.

Bolita se acerca para hablar con él. El duende sale corriendo y se esconde detrás de un árbol. Bolita le sigue de cerca y le empieza hablar:

—¡Espera, espera! Eres un duende, ¿verdad? Yo también quiero ser jardinero. Por favor, escúchame.

El duende se para. Se da la vuelta y mira a Bolita.

—¿Un perro quiere ser jardinero? ¿Estás seguro?

—Totalmente. Llevo toda mi vida paseando por el parque. Quiero aprender a cuidar de las plantas de este parque tan bonito. ¿Los duendes sois los encargados de cuidar de estos jardines?

—Si estás tan seguro, sígueme. Yo soy el jefe de los duendes jardineros del parque. Por las noches, el parque se transforma y nosotros aparecemos para cuidar de sus jardines. Ayer, me olvidé de podar esas rosas. Por eso, hoy

Bolita approaches him to talk. The elf runs away and hides behind a tree. Bolita follows him closely and starts talking to him:

"Wait, wait! You're an elf, aren't you? I want to be a gardener too. Please listen to me."

The elf stops. He turns around and looks at Bolita.

"A dog that wants to be a gardener? Are you sure?"

"Yes, I am. I have been walking in this park all my life. I want to learn how to take care of the plants of this beautiful park. Are you elves in charge of taking care of these gardens?"

"If you are so sure, follow me. I am the head of the elf gardeners of this park. In the evenings, this park changes as we appear to take care of its gardens. Yesterday, I forgot to prune those roses. That's why

me has podido ver. Los duendes jardineros no podemos ser vistos. La magia del jardín del parque es secreta y nadie debe de saber que existimos.

—Entiendo. No diré nada. Pero, por favor, llévame con vosotros. Quiero ser jardinero y conocer la magia que esconde este parque.

—Muy bien. Si quieres ser jardinero del parque, tendrás que superar una prueba. Sígueme, te lo explicaré todo al otro lado del árbol.

El duende camina hacia un gran árbol. El árbol tiene un agujero en el centro del tronco. El duende entra por el agujero y desaparece. Bolita le sigue.

Bolita se mete en el agujero. Al atravesarlo, aparece en un jardín precioso. Es un jardín mágico lleno de plantas gigantes de todos los colores. En el jardín, hay cientos de duendes. Todos los duendes se parecen. Van vestidos de azul y llevan un gorro rojo. El jefe de los

you are able to see me today. We garden elves cannot be seen. The magic of the park's garden is secret and no one can know that we exist."

"I understand. I will not say anything. But please take me with you. I want to be a gardener and get to know the magic that this park hides."

"Very well. If you want to be a park gardener, you must complete a test. Follow me, I'll explain everything on the other side of this tree."

The elf walks towards a large tree. There is a hole in the center of this tree trunk. The elf enters through the hole and disappears. Bolita follows him.

Bolita gets into the hole. After crossing it, he finds himself in a beautiful garden. It is a magical garden, full of giant plants of all colors. There are hundreds of elves in the garden. All elves look alike. They are dressed in blue and wear a red cap. The elf leader

duendes espera a Bolita delante de un campo de amapolas.

—¿Dónde estamos? —le pregunta Bolita al duende.

—Estamos en el jardín mágico del Parque del Retiro. Aquí, cultivamos todas las flores y plantas del parque. Sin nosotros, el parque no tendría flores, ni árboles.

—¿Y qué tengo que hacer para poder trabajar con vosotros? ¿Cuál es la prueba?

—Tienes que podar 100 amapolas marchitas en menos de 10 minutos. El Parque del Retiro tiene millones de flores y plantas. Tenemos que ser rápidos para que estén perfectas cada día. Si no eres rápido, no podrás ser jardinero del parque.

—Vale, ¡lo haré! —dice Bolita, mientras se concentra y coge las tijeras de podar las flores.

—El tiempo empieza... ¡Ya!

is waiting for Bolita in front of a field of poppies.

"Where are we?" Bolita asks the elf.

"We are in the magical garden of the Retiro Park. We grow all the flowers and plants of the park here. Without us, the park would have no flowers or trees."

"And what do I have to do to be able to work with you? What will my test be?"

"You have to prune 100 withered poppies in less than 10 minutes. The Retiro Park has millions of flowers and plants. We have to be quick to make them perfect every day. If you aren't fast, you can't be a park gardener."

"Okay, I'll do it!" says Bolita, as he focuses and picks up the flower-pruning shears.

"The timer starts...now!"

El duende hace sonar un silbato. Bolita sale corriendo con las tijeras y empieza a podar amapolas. Bolita nunca ha podado flores, pero ha visto a los humanos hacerlo.

Bolita cierra los ojos. Él recuerda como podan las flores los jardineros de la ciudad. Bolita hace lo mismo. Él va muy rápido podando amapolas. Debe estar alerta para no cortar las amapolas equivocadas. Bolita solo debe podar las flores que están marchitas.

Pasan los 10 minutos. El duende vuelve hacer sonar el silbato. Bolita para y vuelve al lado del duende. Bolita lleva en la mano 100 amapolas marchitas.

—¡Muy bien! ¡Me has sorprendido!

—Te he dicho que me encantan las plantas. Observo cada día cómo los humanos cuidan de ellas. Yo solamente los imito.

—De acuerdo, me has convencido. ¡Aquí tienes!

The elf blows a whistle. Shears in hand, Bolita starts pruning poppies. Bolita has never pruned flowers, but he has seen humans do it.

Bolita closes his eyes. He remembers how the city's gardeners prune flowers. Bolita imitates them. He prunes the poppies very quickly. He must be careful not to prune the wrong poppies. Bolita must only prune those flowers that are withered.

The 10-minute time limit expires. The elf blows the whistle again. Bolita stops and goes back to the elf. Bolita carries 100 withered poppies in his hand.

"Very good! I'm taken aback!"

"I told you I love plants. I watch every day as humans take care of them. I just imitate them."

"All right, you've convinced me. Here you go!"

El duende le da a Bolita unas tijeras de podar. Las tijeras son doradas y emiten un brillo especial. Cuando Bolita las coge, las tijeras se encogen. Las tijeras tienen el tamaño de un guisante.

—Estas son las tijeras mágicas que los jardineros del parque utilizamos cada noche. Sin ellas, no podrás trabajar los jardines mágicos del Parque del Retiro. No las pierdas nunca. Se hacen pequeñas para que puedas guardarlas en cualquier parte. Nadie puede verlas. Cuando las quieras utilizar, solamente tienes que tocarlas y decir: ¡Tijeras mágicas, os necesito!

—¡Nunca lo olvidaré! ¡Muchas gracias, duende!

Bolita se queda en el jardín mágico toda la noche. Al día siguiente, él sale por el agujero del árbol y vuelve a casa. Cada noche, Bolita entra por el árbol y cuida del jardín mágico del parque. Bolita vive feliz con los duendes jardineros. Él ahora también es jardinero. Bolita

The elf gives Bolita a pair of pruning shears. The shears are gold-plated and emit a special glow. When Bolita picks them up, the shears shrink. The shears become the size of a pea.

"These are the magic shears that we gardeners use every night while working in the park. Without them, you will not be able to work the magical gardens of the Retiro Park. Never lose them. They become small so you can store them anywhere. No one can see them. Whenever you want to use them, just touch them and say: 'Magic scissors, I need you!'"

"I will never forget it! Thank you very much, Mr. Elf!"

Bolita stays in the magic garden all night. The next day, he climbs out of the hole in the tree and returns home. Every night, Bolita enters the magical garden through the hole in the tree and takes care of it. Bolita lives happily with the garden elves. He is now a gardener as well. Bolita

ha cumplido su sueño y cuida de las flores del parque más bonito de España.

has fulfilled his dream and takes care of the flowers of the most beautiful park in Spain.

11

La misión de la tortuga de las Galápagos

The Mission of the Galapagos tortoise

Tortuga de las Galápagos

La tortuga de las Galápagos es el tipo de tortuga terrestre más grande de todas. Puede vivir hasta 150 años. Vive en las Islas Galápagos, en Ecuador.

Hoy es un día hermoso en las Islas Galápagos. En el cielo, el sol brilla. Una suave brisa hace que las flores bailen. Las olas del mar vienen y van con calma.

En la isla, vive Bruma, una tortuga de las Galápagos. Bruma va a la escuela todos los días. A ella le encanta aprender cosas nuevas.

Hoy, Bruma está camino a su escuela. De pronto, se encuentra con Hugo, el delfín.

—Buen día, Hugo. Es un día bello, ¿verdad?

—Buen día, Bruma. Es un día bello, sí —responde Hugo, con tristeza.

Galápagos tortoise

The Galápagos tortoise is the largest of all land tortoises. It can live up to 150 years. It lives in the Galápagos Islands, in Ecuador.

Today is a beautiful day in the Galápagos Islands. In the sky, the sun is shining. A gentle breeze stirs the flowers. The waves of the sea come and go calmly.

The island is home to Bruma, a Galápagos tortoise. Bruma goes to school every day. She loves learning new things.

Today, Bruma is on her way to school. Suddenly, she meets Hugo, the dolphin.

"Good morning, Hugo. It's a beautiful day, isn't it?"

—¿Qué sucede, Hugo? —pregunta Bruma—. ¿Por qué estás triste?

—Es que he hablado con los peces —responde Hugo—. Me han contado algo malo.

Bruma lo mira con sorpresa. Ella pregunta:

—¿Qué ha sucedido?

—Pues... —responde Hugo, muy triste— son los peces. Ellos tienen miedo de nadar en el mar.

—¿Miedo? —pregunta Bruma, sorprendida—. ¡Pero sí saben nadar!

—No es eso —le responde Hugo—. Es que los peces quedan atascados en el mar. Se atascan en bolsas de plástico. Ellos nadan libremente, y de pronto, ¡ZAS! Una bolsa los atrapa.

Bruma se siente triste. Ella conoce a los peces. Ella sabe que los peces son muy buenos. Bruma no quiere que los peces sufran.

"Good morning, Bruma. It's a beautiful day, yes," replies Hugo with sorrow.

"What is it, Hugo?" Bruma asks. "Why are you sad?"

"It's just that I've talked to the fish," Hugo replies. "They told me something bad happened."

Bruma looks at him with surprise. She asks him:

"What happened?"

"Well..." replies Hugo, very saddened. "It's the fish. They are afraid to swim in the sea."

"Afraid?" Bruma asks in surprise. "But they can swim!"

"It's not that," Hugo replies. They're getting stuck while swimming. Stuck in plastic bags. They swim freely one moment and the next, WHAM! They get stuck in a plastic bag."

—Intentaré encontrar una solución —le promete Bruma a Hugo—. Ahora, debo ir a la escuela.

Bruma continúa su camino. Ella oye gritos. Bruma corre hacia una duna de arena. Detrás de la arena, hay una gaviota.

—Bruma —le dice la gaviota Josefina—. ¡Ayúdame, por favor! ¡No puedo salir!

Bruma corre hacia Josefina. Bruma nota que las patas de Josefina están atadas. Están enredadas en un hilo de plástico.

—No te preocupes, Josefina —la tranquiliza Bruma—. Ya casi está. Estoy liberando tus patas.

Bruma corta el hilo con una pequeña tijera. Ella libera las patas de Josefina.

Bruma feels sad. She knows the fish. She knows the fish are very good folks. Bruma does not want the fish to suffer.

"I will try to find a solution," Bruma promises Hugo. "I have to go to school now."

Bruma continues on her way. She hears screams. Bruma runs towards a sand dune. Behind the dune, there is a seagull.

"Bruma!" calls the seagull Josefina. "Please help me! I can't get out!"

Bruma runs towards Josefina. Bruma notices that Josefina's legs are tied. They are entangled in a plastic string.

"Don't worry, Josefina," Bruma reassures her. "It's almost done. I'm untangling your legs."

Bruma cuts the string with small scissors. She releases Josefina's legs.

—Gracias, Bruma. Me has salvado. Estaba muy nerviosa y preocupada. Es la segunda vez que esto me sucede.

—¿La segunda vez? —pregunta Bruma con asombro.

—Sí —responde con tristeza Josefina—. Hay muchos hilos de plástico en esta playa. Es muy peligroso para nosotras, las gaviotas. A mis amigas, les ha sucedido lo mismo que a mí.

—Intentaré encontrar una solución —le promete Bruma—. Ahora, debo ir a la escuela.

Bruma y Josefina se despiden. Bruma sigue su camino.

Bruma ve a los cangrejos en la orilla. Ellos están formando una pila de botellas. Bruma se acerca y los saluda.

—Buen día Bruma —dice el cangrejo Alejo—. Estamos limpiando los corales. Mira esto.

Alejo señala la pila de botellas.

"Thank you, Bruma. You saved me. I was very nervous and worried. This is the second time this has happened to me."

"The second time?" Bruma asks in amazement.

"Yes," answers Josefina, saddened. "There are a lot of plastic strings on this beach. It is very dangerous for us seagulls. My friends have had the same problem I just had."

"I will try to find a solution," Bruma promises her. "I have to go to school now."

Bruma and Josefina say goodbye. Bruma continues on her way.

Bruma looks at the crabs on the shore. They are stacking bottles. Bruma approaches them and says hello.

"Good morning, Bruma," says Alejo the crab. "We are cleaning the corals. Check this out."

Alejo points to the stack of bottles.

—Estas botellas estaban en los corales. ¡Y aún quedan más! Alguien debe quitarlas. El plástico es muy malo para nuestro planeta.

—Sí —responde Bruma, triste—. Intentaré buscar una solución. Ahora, debo ir a la escuela. Ya es tarde.

Bruma continúa su camino. Ella se siente triste. Ella quiere ayudar a sus amigos.

Bruma llega a la escuela. Allí, habla con sus amigos. Ella les cuenta los problemas de los animales. Todos intentan encontrar una solución.

—¡Ya sé! —exclama la tortuga Juana—. Podemos encarcelar a quienes arrojan plástico.

—Pero aquí no hay prisiones —responde Bruma—. No podríamos hacerlo.

—Tengo otra idea —agrega la tortuga Cocó—. Construyamos una gran máquina que limpie todo el mar. Podríamos quitar todo el plástico.

"These bottles were in the corals. And we still haven't gotten all of them! Someone has to get rid of them. Plastic is very bad for our planet."

"Yes," says Bruma, saddened. "I will try to find a solution. I have to go to school now. It's late already."

Bruma continues on her way. She feels sad. She wants to help her friends.

Bruma arrives at school. There, she talks to her friends. She tells them about the animals' problems. Everyone tries to find a solution.

"I know!" exclaims the turtle Juana. "We can jail litterers."

"But there are no prisons here," Bruma replies. "We couldn't do it."

"I have another idea," adds the turtle Coco. "Let's build a big machine to clean the whole sea. We could clean up all of the plastic."

—Pero no sabemos construir máquinas —responde Bruma—. No podríamos hacerlo.

—¡Ya lo sé! —exclama la tortuga Dana—. Podemos pegar carteles. Así todos sabrán que no deben arrojar plásticos.

—Es una idea brillante —sonríe Bruma.

—Y, además —agrega el tortugo Juan—, podemos juntarnos a limpiar la isla. Podemos juntarnos una vez a la semana y limpiar entre todos.

—¡Es una idea excelente! —responde Bruma—. Y podemos colocar cestos de basura. Así, todos podrán arrojar el plástico en ellas.

Todas las tortugas se ponen de acuerdo. Algunas tortugas preparan los carteles. Otras organizan los días de limpieza. Y otras tortugas buscan los cestos de basura.

Al día siguiente, todas las tortugas y los animales se reúnen en la playa. Todos comienzan a recoger la basura. Es un día de mucho trabajo.

"But we don't know how to build machines," Bruma replies. "We couldn't do it."

"I know!" exclaims the turtle Dana. "We can put posters up. That way, everyone will know not to litter."

"That's a brilliant idea," says Bruma, smiling.

"And besides," adds the turtle Juan, "we could get together to clean up the island. We could get together once a week and clean up collectively."

"That's an excellent idea!" Bruma replies. "And we can set up trash cans. That way, everyone will have a proper place to throw plastics in."

All turtles agree. Some turtles make the posters. Others organize a cleaning schedule. Some other turtles look for garbage cans.

The next day, all the turtles and animals gather on the beach. Everyone starts picking up the garbage. It's a busy day.

La isla queda limpia. Los animales ya no corren peligro. Bruma mira el lugar y piensa:

«Qué hermoso es un lugar sin plásticos».

Los animales se prometen nunca más arrojar plástico. Ellos desean que su isla sea un lugar hermoso para vivir.

The island has been cleaned. The animals are no longer at risk. Bruma looks around and thinks:

A place without plastics, isn't it beautiful?

The animals promise to never litter again. They want their island to be a beautiful place to live.

12

El príncipe Daniel y las uvas de fin de año

Prince Daniel and the New Year's Eve Grapes

Comer 12 uvas en fin de año

Comer 12 uvas en fin de año es una tradición española que se celebra durante la noche de fin de año. Las uvas se comen unos segundos antes de que el reloj marque las doce de la noche. Las familias comen 12 uvas para despedir el año al ritmo de 12 campanadas.

Había una vez, un príncipe muy valiente, el príncipe Daniel. Daniel es el príncipe del reino de Asturias, en España. El reino de Asturias es un lugar lleno de bosques y prados verdes. Los reyes de Asturias son muy felices. Los reyes celebran fiestas durante todo el año.

En la noche de fin de año, todos comen 12 uvas. Son las 12 uvas de la suerte. La leyenda dice que, si no te las comes, tendrás mala suerte

Eating twelve grapes on New Year's Eve

Eating twelve grapes on New Year's Eve is a Spanish tradition. People eat the grapes a few seconds before the clock strikes midnight. As a goodbye to the previous year, families eat 12 grapes to the rhythm of 12 chimes.

Once upon a time, there was a very brave prince: Prince Daniel. Daniel is the prince of the Kingdom of Asturias, in Spain. The Kingdom of Asturias is a place full of forests and green meadows. The king and queen of Asturias are very happy. The king and queen celebrate holidays throughout the year.

On New Year's Eve, everyone eats twelve grapes. Those are the twelve lucky grapes. Legend has it that, if you don't eat them,

todo el año. Una noche de fin de año, el pueblo se queda sin uvas. Una tormenta destroza los viñedos.

Los reyes están muy preocupados. Ellos no saben cómo conseguir uvas antes de que acabe el año. Los reyes lloran porque creen que su pueblo tendrá mala suerte. Sin las uvas de la suerte, el pueblo estará maldito.

El reino necesita un voluntario que busque uvas. En el reino, nadie se presenta voluntario. La gente tiene miedo de salir. Hace mucho frío y hay poca luz. La mañana de fin de año, el príncipe Daniel se presenta voluntario. Daniel habla con sus padres. Daniel les dice que él encontrará las uvas. El príncipe quiere romper con la maldición.

—Papá, mamá, no os preocupéis. Yo traeré las uvas de la suerte al reino. Hoy mismo saldré a buscarlas.

you will have bad luck all year long. One New Year's Eve, the town runs out of grapes. A storm has destroyed the vineyards.

The king and queen are very worried. They don't know how to get grapes before the end of the year. The king and queen cry because they believe their people will have bad luck. Without the lucky grapes, the town will be cursed.

The kingdom needs a volunteer to search for grapes. No one in the kingdom volunteers. People are afraid to go out. It is very cold and there is little light. On New Year's Eve morning, Prince Daniel volunteers. Daniel talks to his parents. Daniel tells them that he will find the grapes. The prince wants to break the curse.

"Dad, mom, do not worry. I will bring the lucky grapes to the kingdom. I will go out today and look for them."

—No tienes tiempo que perder, hijo mío. Solamente quedan unas horas. No te entretengas —le dice el rey, muy preocupado.

El príncipe Daniel se sube a su caballo. Su caballo se llama Relámpago. Es el caballo más rápido del mundo. Relámpago corre durante horas. El príncipe y él buscan las uvas por todas partes. Cada vez quedan menos horas. Se hace de noche y hace mucho frío. El príncipe Daniel no sabe dónde más buscar. Se baja de su caballo y grita:

—¡Por favor! ¡Si existe la suerte y la magia, ayudadme! No quiero que mi reino esté maldito. Por favor, si alguien me escucha, que me ayude. Necesito llevar uvas a mi reino esta noche.

Cuando el príncipe deja de hablar, cae un rayo. El príncipe ve caer el rayo cerca de un árbol. Daniel se acerca para ver lo que ha pasado. Él se acerca al árbol y ve algo en el suelo. Es un

"You have no time to lose, my son. There are only a few hours left. Don't dawdle," says the king, very worried.

Prince Daniel gets on his horse. His horse is named Relampago. It is the fastest horse in the world. Relampago runs for hours. The prince and his horse search for grapes everywhere. The time is running out. It is getting dark and very cold. Prince Daniel doesn't know where else to look. He gets off his horse and shouts:

"Please! If there is luck and magic in this world, help me! I don't want my kingdom to be cursed. If anyone can hear me, please help me. I need to bring grapes to my kingdom tonight."

When the prince stops talking, lightning strikes. The prince sees the lightning strike near a tree. Daniel gets closer to see what happened. He approaches the tree and sees something on the ground. It is

cofre. El cofre está abierto. Dentro del cofre, hay una carta. El príncipe coge la carta y la lee:

"Si realmente quieres tener suerte, deberás demostrar tu valentía. Aquí tienes una espada. Esta espada puede cortar cualquier cosa. Nadie podrá hacerte daño si la tienes. Coge la espada y sube la montaña más alta del reino. La Montaña de las Nubes. Allí, encontrarás lo que buscas".

El príncipe Daniel coge la espada y mira al frente. Al norte, está la Montaña de las Nubes. Es la montaña más alta del reino. Es una montaña peligrosa. En la montaña, hay muchos peligros. Daniel tiene que subirla para conseguir las uvas.

—Lo haré. Si la suerte quiere que vaya allí, iré. Subiré a lo más alto y traeré las uvas al reino.

El príncipe Daniel se sube a su caballo, Relámpago. Corren hasta la montaña de las nubes. Suben la montaña muy deprisa. Daniel usa la

a chest. The chest is open. Inside the chest, there is a letter. The prince takes the letter and reads it:

"If you really want to be lucky, you must show your courage. Here is a sword. This sword can cut through anything. No one can hurt you if you have it. Take the sword and climb the highest mountain in the kingdom. The Mountain of Clouds. There, you will find what you are looking for."

Prince Daniel picks up the sword and looks ahead. The Mountain of Clouds is up north. It is the highest mountain in the kingdom. It is a dangerous mountain. In the mountain, there are many dangers. Daniel must climb it to get the grapes.

"I will do it. If luck wants me to go there, I will. I will climb to the top of the mountain and bring grapes to the kingdom."

espada para cortar ramas. Usa la espada para defenderse de monstruos marinos. Corta un árbol gigante que les corta el paso. Daniel usa la espada para abrir una puerta. Daniel rompe la cerradura. La puerta es blanca y muy hermosa. El príncipe atraviesa la puerta y llega a la cima de la montaña. En la cima, hay muchísimas nubes.

—¡Hemos llegado! ¡Relámpago, mira! En esa nube, hay un barril muy grande con uvas.

En una nube grande, hay un barril lleno de uvas. Daniel y su caballo se acercan y cogen el barril. Después, otra carta aparece entre las manos del príncipe. El príncipe la lee:

"Has demostrado ser valiente. Aquí tienes tus uvas. Estas uvas traerán suerte a tu reino para siempre".

Daniel guarda la carta y se va de la Montaña de las Nubes. Él y su caballo llegan al reino al anochecer. Antes de la medianoche, Daniel

Prince Daniel gets on his horse Relampago. They run up to the Mountain of Clouds. They climb the mountain very fast. Daniel uses the sword to cut branches. He uses the sword to charge against sea monsters. He cuts down a giant tree that blocks their path. Daniel uses the sword to open a door. Daniel breaks the lock. The door is white and very beautiful. The prince goes through the door and arrives at the top of the mountain. At the top, there are lots and lots of clouds.

"We have arrived! Look, Relampago! There is a very large barrel with grapes on that cloud."

On a large cloud, there is a barrel full of grapes. Daniel and his horse approach the cloud and take the barrel. Then, another letter appears in the prince's hands. The prince reads it:

"You have proven to be brave. Here are your grapes. These grapes will forever bring luck to your kingdom."

llega al reino con las uvas de la suerte. El reino celebra la llegada del príncipe. Todos comen sus 12 uvas de la suerte para despedir el año. El príncipe Daniel ha salvado a su reino de la maldición.

Daniel puts the letter away and leaves the Mountain of Clouds. He and his horse arrive at the kingdom at nightfall. Before midnight, Daniel arrives in the kingdom with the lucky grapes. The kingdom celebrates the arrival of the prince. Everyone eats their twelve lucky grapes to say goodbye to the year that ends. Prince Daniel has saved his kingdom from the curse.

13

El secreto de Mamá Hada

The Secret of Mama Fairy

Locro

El locro es un tipo de guiso. Se hace con porotos, zapallo y distintas variedades de carne. Se sirve caliente y es muy sabroso. Generalmente, se come en los países sudamericanos.

Mamá Hada es un hada de 130 años. Ella tiene muchos hijos. Ella también tiene muchos nietos. Mamá Hada tiene un restaurante. Su restaurante es muy conocido en el Reino de las Hadas.

Mamá Hada es muy famosa en el reino. Todos saben que Mamá Hada es una buena cocinera. Ella preparara una comida muy especial. Ella prepara locro. El locro es una comida deliciosa. Mamá Hada cocina locro en su restaurante. Todos los días, muchos clientes visitan el restaurante. Ellos piden un gran plato de locro.

Locro

Locro is a type of stew. It contains beans, pumpkin, and different varieties of meat. It is served hot and is very tasty. It is common in South American countries.

Mama Fairy is a 130-year-old fairy. She has many children. She also has many grandchildren. Mama Fairy has a restaurant. Her restaurant is well known in the Fairy Kingdom.

Mama Fairy is very famous across the kingdom. Everyone knows that Mama Fairy is a good cook. She prepares a very special meal. She prepares *locro*. *Locro* is a delicious meal. Mama Fairy prepares *locro* in her restaurant. Every day, the restaurant is visited by a lot of customers. They order large bowls of *locro*.

—Mamá Hada —le dicen algunos clientes—, tú prepararas el locro más delicioso del mundo.

—¿Cómo lo preparas? —le preguntan otros clientes.

—Bueno —responde Mamá Hada con orgullo—. Yo lo preparo con porotos. También le agrego un zapallo muy dulce. El zapallo es de mi huerta. Yo tengo una gran huerta en el patio de mi casa. También le pongo carne al locro.

Muchas hadas han tratado de hacer el locro. Nadie logra preparar un locro tan delicioso. El locro de Mamá Hada es imposible de imitar.

—Mamá Hada —le preguntan algunas vecinas—, ¿tienes un ingrediente secreto?

—Bueno —responde Mamá Hada con brillo en sus ojos—, siempre hay un ingrediente especial, ¡pero no puedo decirlo porque es un ingrediente secreto!

Hoy es un día normal en el Reino de las Hadas. Muchas hadas caminan hacia el restaurante de

"Mama Fairy," some customers tell her. "You prepare the most delicious *locro* in the world."

"How do you prepare it?" other customers ask.

"Well," replies Mama Fairy proudly. "I prepare it with beans. I also add very sweet pumpkins to it. Pumpkins from my garden. I have a large vegetable garden in my backyard. I add meat to my *locro* as well."

Many fairies have tried to make *locro*. Nobody can prepare such a *locro* as delicious as Mama Fairy's. Mama Fairy's *locro* is impossible to imitate.

"Mama Fairy," some neighbors ask her, "do you have a secret ingredient?"

"Well," replies Mama Fairy with a twinkle in her eyes, "there's always a special ingredient. But I can't tell you, precisely because it is a secret ingredient!"

Today is a normal day in the Fairy Kingdom. Many fairies walk to

Mamá Hada. Otras hadas vuelan velozmente hacia el restaurante. Algunas hadas llegan al restaurante en bicicleta. Todas las hadas piden el mismo almuerzo: un gran plato de locro.

Feliz, Mamá Hada les sirve los platos de locro. En el restaurante, trabaja Hadina, una nieta de Mamá Hada. También, trabaja allí Pompón, el hijo mayor de Mamá Hada. Ellos trabajan felices en el restaurante. Ellos están orgullosos de Mamá Hada.

Pompón camina entre las mesas del restaurante. Él toma los pedidos de los clientes. Él lleva la lista de los pedidos hacia la cocina. Él le dará la lista a Mamá Hada. Ella preparará los platos de locro.

Pompón llama a Mamá Hada. Ella no responde. Él la busca en la cocina. Mamá Hada no está allí. Él camina hacia el patio del restaurante. Mamá Hada tampoco está allí. Él camina hacia la vereda. No hay señales de Mamá Hada.

Mama Fairy's restaurant. Other fairies fly swiftly toward the restaurant. Some fairies arrive at the restaurant on their bicycles. All the fairies order the same meal: a big bowl of *locro*.

Happily, Mama Fairy serves them bowls of *locro*. Hadina, a granddaughter of Mama Fairy, works at her restaurant. Pompon, Mama Fairy's eldest son, also works there. They work happily in the restaurant. They are proud of Mama Fairy.

Pompon walks among the tables of the restaurant. He takes orders from customers. He takes the list of orders to the kitchen. He will give the list to Mama Fairy. And she will prepare the *locro* dishes.

Pompon calls Mama Fairy. She doesn't answer. He looks for her in the kitchen. Mama Fairy is not there. He looks in the restaurant's patio. Mama Fairy is not there either. He looks in the street. No sign of Mama Fairy.

Pompón se preocupa. Él le pregunta a otras hadas por Mamá Hada. Nadie la ha visto. Él decide esperar. Tal vez, Mamá Hada aparecerá luego.

Las horas pasan y pasan. Mamá Hada aún no aparece. De pronto, la noche cae. Mamá Hada aún no llega. Pompón decide avisarle a todos en el reino.

Al día siguiente, todos salen a las calles. Todos buscan a Mamá Hada. Algunos la llaman en voz alta. Otros pegan carteles en los árboles. Otros salen a buscarla. Todos buscan a Mamá Hada. Ella no aparece. Algunas hadas la esperan en el restaurante. Otras hadas esperan afuera de la casa de Mamá Hada, pero Mamá Hada no da señales de vida.

—Quizás se la ha tragado la tierra —piensa un hada en voz alta.

—Quizás se la han llevado los extraterrestres —dice otra hada.

Pompon gets worried. He asks other fairies if they have seen Mama Fairy. No one has seen her. He decides to wait. Maybe Mama Fairy will show up later.

The hours go by. Mama Fairy is still missing. Suddenly, night falls. Mama Fairy hasn't arrived yet. Pompon decides to warn everyone in the kingdom.

The next day, everyone takes to the streets. Everyone looks for Mama Fairy. Some call for her out loud. Others stick posters on trees. Others go out to look for her. Everyone looks for Mama Fairy. She's not there. Some fairies wait for her in the restaurant. Other fairies wait outside Mama Fairy's house. But there is no sign of her.

"Perhaps she has been swallowed by the earth," a fairy thinks aloud.

"Perhaps the aliens have captured her," says another fairy.

—Quizás se ha cansado de nosotros... ¡y se ha ido! —agrega otra hada, preocupada.

—Mamá Hada nos ama, ella no se ha ido —les responde Hadina, su nieta.

Pasan diez días de preocupación. Un grupo de hadas está reunido afuera del restaurante. De repente, ven una figura a lo lejos. Alguien camina hacia el restaurante. La figura se acerca.

—¡Es Mamá Hada, es ella! —exclama con felicidad Hadina.

Mamá Hada llega al restaurante.

—Debo pedirles disculpas —dice con pena—. No era mi intención preocuparles. Pero debo decirles algo. Tengo algo que compartir.

—¿Te ha tragado la tierra? —pregunta un hada.

—¿O te han llevado los extraterrestres? —pregunta otra.

—Nada de eso —responde Mamá Hada con una sonrisa—. Me he ido a buscar ingredientes

"Maybe she got tired of us... and went away!" adds another fairy, worried.

"Mama Fairy loves us, she hasn't left," answers Hadina, her granddaughter.

Ten worrisome days pass. A group of fairies gathers outside the restaurant. Suddenly, they see a figure in the distance. Someone walks toward the restaurant. The figure approaches.

"It's Mama Fairy, it's her!" Hadina happily exclaims.

Mama Fairy arrives at the restaurant.

"I must apologize," she says, embarrassed. "It was not my intention to worry you. But I must tell you something. I have something to share with you."

"Were you swallowed up by the earth?" asks a fairy.

"Or were you taken by aliens?" asks another.

nuevos. He realizado un pequeño viaje. Pero he descubierto algo. Ustedes aman mi locro. Y yo los amo a ustedes por ello. Yo sé que nadie puede hacer el locro como yo. Y hoy, quiero compartir mi secreto. Quiero que todos puedan cocinar un locro delicioso. Les diré mi ingrediente secreto.

—¿Cebollas? —pregunta alguien.

—¿Carne? —agrega otro.

—No —responde Mamá Hada—. El ingrediente secreto es más importante. Ese ingrediente es: AMOR.

Desde ese día, cada hada del Reino de las Hadas cocina un locro delicioso. Mamá Hada está feliz de ver a las demás hadas cocinando con amor.

"Nothing like that," replies Mama Fairy with a smile. "I went looking for new ingredients."

I made a short trip. But I discovered something. You love my *locro*. And I love you for it. I know that no one can make *locro* like I can. And today, I want to share the secret with you. I want everyone to be able to cook a delicious *locro*. I'll tell you my secret ingredient."

"Onions?" someone asks.

"Meat?" asks another one.

"No," Mama Fairy replies. The secret ingredient is more important than those. The secret ingredient is... LOVE.

Since that day, every fairy in the Fairy Kingdom can prepare a delicious *locro*. Mama Fairy is happy to see other fairies cooking with love.

About the Authors

ALAIA Q. grew up reading about dragons, princes, and princesses. She is a bit obsessed with fantasy maps and she runs a hair salon that looks more like a book café. She tries not to talk about dragons with every client that walks in.

KARLA C. has lived in Bolivia, Ecuador, and Uruguay. She currently calls Argentina her home but cannot promise that wouldn't change. Who knows? She might pack her bags for Spain to visit her friend's salon. And have a dragon debate.

SPANISH LEARNING MADE INCLUSIVE

CAST YOUR THOUGHTS

Enjoyed the book? Please consider taking a brief moment to leave us a review on Amazon.

:)

We go through every single feedback and we are always looking to retain what works for Spanish learners and change what doesn't!

DON'T MISS THIS!

From Lake Maracaibo's mermaid to the ant that dances flamenco to the vampire that is into arepas...

How many more magical stories will you discover in the Hispanic world?

PRE-ORDER ON AMAZON TODAY

MORE SPANISH SHORT STORIES!

Ever wondered what Christmas is like in Venezuela? What about the famous Holy Week in Spain? Or a typical *asado* evening in Argentina?

www.ingramcontent.com/pod-product-compliance
Lightning Source LLC
Chambersburg PA
CBHW032224190726
48289CB00007BA/2370

9781738897155